POÉSIES
DE
ANDRÉ THEURIET

1860 — 1874

Le Chemin des Bois. — Le Bleu et le Noir.

PARIS

ALPHONSE LEMERRE, ÉDITEUR

POÉSIES

DE

ANDRÉ THEURIET

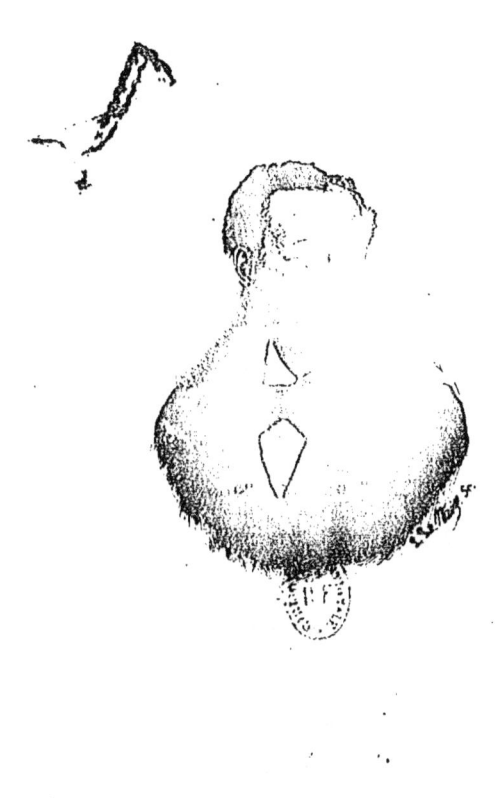

POÉSIES

DE

ANDRÉ THEURIET

1860 — 1874

Le Chemin des Bois. — *Le Bleu et le Noir.*

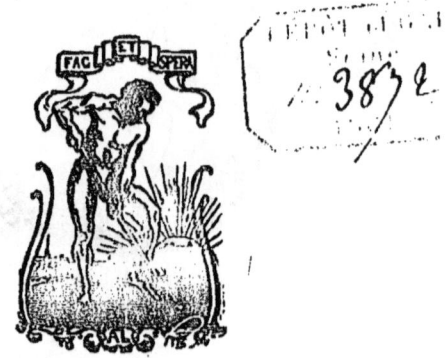

PARIS

ALPHONSE LEMERRE, ÉDITEUR

27- I, PASSAGE CHOISEUL, 27- I

M D CCC LXXXI

LE
CHEMIN DES BOIS

DÉDICACE

Aux bois ! — Aux bois de mon pays,
   Dont on voit les sombres lignes,
Futaie épaisse ou clair taillis,
   Bleuir au-dessus des vignes ;

Aux bois, où travaillent campés
   Dans les gorges éloignées,
Les bûcherons aux cœurs trempés
   Comme le fer des cognées ;

Aux grands bois où de mes amours
   Dorment les chères reliques,
Parmi les mousses de velours
   Et les fleurs des véroniques !...

Aux bois !... Un vent de liberté
   Y souffle à travers les chênes ;
L'âme y ravive sa fierté
   Blessée aux luttes humaines.

*Les frais sentiers de l'Idéal,
 C'est aux bois qu'on les retrouve,
Près de la source où, matinal,
 Le ramier soupire et couve.*

*Le chant divin de l'Oiseau bleu,
 C'est aux bois qu'on croit l'entendre,
Quand le coucou, comme un adieu,
 Dit son refrain grave et tendre.*

*La vie emplit les bois profonds :
 Fleurs, oiseaux, souffles d'air libre,
Cœurs aimants, travailleurs féconds,
 Aux bois tout palpite et vibre.*

*Aux bois émus, aux bois baignés
 De rosée et de lumière,
J'offre mes vers tout imprégnés
 De la senteur forestière.*

EN FORÊT

Le Retour au Bois.

La prison où Jean-Marc, le fier coupeur de chênes,
Rongeait son frein depuis six mortelles semaines,
    Vient d'ouvrir ses verrous.
Il bondit à l'air libre, il semble avoir des ailes,
Tant il court..., et les clous de ses lourdes semelles
    Sonnent sur les cailloux.

Six semaines sans voir' sa forêt bien aimée,
Six semaines d'ennuis pour deux brins de ramée
    Pas plus gros que le bras !...
Il sourit de pitié, puis il se hâte encore,
Les yeux toujours fixés vers les grands bois que dore
    Le couchant, tout là-bas.

Il arrive. La lune au même instant se lève.
Pendant qu'il languissait dans sa prison, la sève
      A rompu les bourgeons.
La forêt maintenant est dans toute sa gloire,
Partout des rameaux verts, pas une branche noire ;
      Partout nids et chansons !

Il siffle un air de fête en s'enfonçant dans l'ombre,
Et dans l'épais taillis, des rossignols sans nombre
      Répondent à sa voix.
Il grimpe, ivre de chants et d'odeurs printanières,
Sur un hêtre géant dont les branches dernières
      Dominent tout le bois.

Le voilà se berçant dans l'arbre qui s'incline !
L'air de la nuit de mai dilate sa poitrine
      Et court dans ses cheveux ;
Le ciel est sur sa tête, et sous ses pieds murmure
Et mollement frissonne une mer de verdure
      Aux flots mystérieux.

De légères vapeurs glissent sur les clairières,
Et la lune répand sur les champs de bruyères
      Des nappes de clarté.
— Hurrah ! — Sa voix s'envole, et dans l'azur sans voile
On dirait qu'on entend monter jusqu'aux étoiles
      Son cri de liberté.

Les Chercheuses de Muguet.

A André Lemoyne.

LA mère et son enfant s'en vont par les futaies.
 La mère écoute et fait le guet,
Et l'on voit son sein hâve et maigre, sous les plaies
 De son corsage de droguet ;
Tête nue et pieds nus, l'enfant, d'un air sauvage,
La suit, et toutes deux rôdent sous le feuillage
 En cherchant des fleurs de muguet.

Des muguets !... pour les vendre ! Au fond de leur demeure
 Tout est vide : huche et grenier ;
Il ne reste au logis qu'un nourrisson qui pleure
 Dans son étroit berceau d'osier.
La ville, où tout se vend, leur paiera ces fleurettes.
A l'œuvre donc ! muguets aux mignonnes clochettes,
 Répandez-vous dans leur panier !

A travers les fourrés et les herbes mouillées
    Elles passent, les pieds en sang...
Cependant le soleil glisse sous les feuillées,
    Mystérieux comme un amant
Qui visite en secret, le soir, son amoureuse ;
Tout scintille, les fleurs et la mousse soyeuse...
    Que leur fait le soleil levant ?

Toujours plus loin, toujours, par la chaleur croissante,
    Elles marchent, courbant le dos,
Et la mère parfois gronde l'enfant trop lente
    Qui s'attarde au bord des ruisseaux...
Les nids sont pleins de joie et de battements d'ailes,
Tout chante : rossignols, loriots, tourterelles...
    Que leur fait le chant des oiseaux ?

Elles iront, au soir, quand l'ombre emplit les rues,
    Vendre leurs bouquets aux passants,
Et les garçons rêveurs, et les filles émues
    Par les haleines du printemps,
Sentiront tout à coup, dans leur cœur qui s'ignore,
De l'amour nouveau-né vibrer la voix sonore,
    Au frais parfum des muguets blancs.

Les vieillards, à l'aspect de la fleur printanière,
    Croiront voir dans un bleu lointain
Les fantômes riants de leur jeunesse entière
    Passer en se donnant la main ;

Et les penseurs épris des beautés éternelles
Retrouveront au fond de ces calices frêles
  Les empreintes du doigt divin.

Tous aux muguets de mai devront une belle heure,
  Une heure de rêves sans prix...
— La mère et son enfant gagneront leur demeure
  En rongeant un rude pain bis,
Et, seules dans leur chambre humide et délabrée,
Elles recompteront d'une main enfiévrée
  Leurs sous tachés de vert-de-gris.

Puis toutes deux, sans autre espoir que les tortures
  Et les dégoûts du lendemain,
Sans autre souvenir que les âpres morsures
  Des ronces barrant le chemin,
Elles s'endormiront, avides d'une trêve,
Avides d'oublier dans un sommeil sans rêve
  Les angoisses d'un jour sans pain.

L'Alouette.

A Madame Pauline de Sainbris.

Le jour commence à peine à blanchir les collines,
    La plaine est grise encor ;
Au long des prés bordés de sureaux et d'épines,
    Le soleil aux traits d'or
N'a pas encore changé la brume en perles fines ;

Et déjà, secouant dans les sillons de blé
    Tes ailes engourdies,
Alouette, tu pars, le gosier tout gonflé
    De jeunes mélodies, .
Et tu vas saluer le jour renouvelé.

Dans l'air te balançant, tu montes et tu chantes,
 Et tu montes toujours.
Le soleil luit, les eaux frissonnent blanchissantes;
 Il semble qu'aux entours
Ton chant ajoute encor des clartés plus puissantes.

Plus haut, toujours plus haut, dans le bleu calme et pur
 Tu fuis allègre et libre;
Tu n'es plus pour mes yeux déjà qu'un point obscur,
 Mais toujours ta voix vibre;
On dirait la chanson lointaine de l'azur.

O charme aérien!... Alouette, alouette,
 Est-ce du souffle heureux
Qui remue en avril les fleurs de violette,
 Ou du rythme amoureux
Des mondes étoilés, que ta musique est faite?

Pour qui l'écoute, un jour de réveil printanier,
 Lorsque la feuille pousse,
Elle a de ces accents qu'on ne peut oublier;
 Moins exquise et moins douce
Est la framboise mûre aux marges du sentier;

Moins vive l'eau jaillit dans la roche creusée,
 Où le martin-pêcheur
Baigne l'extrémité de son aile irisée,
 Moins fine est la senteur
De la reine-des-prés, moins fraîche est la rosée.

Tout s'éveille à ta voix : le rude laboureur
   Qui pousse sa charrue,
Le vieux berger courbé qui traverse rêveur
   La grande friche nue,
Se sentent rajeunis et retrouvent du cœur.

Sur tes ailes tu prends les larmes de la terre
   A chaque aube du jour,
Et des hauteurs du ciel, par un joyeux mystère
   Tu nous rends en retour
Des perles de gaîté pleuvant dans la lumière.

Imité de Shelley.

La Chanson du Vannier.

A Alphonse Lemerre.

Brins d'osier, brins d'osier,
Courbez-vous, assouplis sous les doigts du vannier.

Brins d'osier, vous serez le lit frêle où la mère
Berce un petit enfant aux sons d'un vieux couplet :
L'enfant, la lèvre encor toute blanche de lait,
S'endort en souriant dans sa couche légère.

Brins d'osier, brins d'osier,
Courbez-vous, assouplis sous les doigts du vannier.

Vous serez le panier plein de fraises vermeilles
Que les filles s'en vont cueillir dans les taillis.
Elles rentrent le soir, rieuses, au logis.
Et l'odeur de fruits mûrs s'exhale des corbeilles.

Brins d'osier, brins d'osier,
Courbez-vous, assouplis sous les doigts du vannier.

Vous serez le grand van où la fermière alerte
Fait bondir le froment qu'ont battu les fléaux,
Tandis qu'à ses côtés des bandes de moineaux
Se disputent les grains dont la terre est couverte.

Brins d'osier, brins d'osier,
Courbez-vous, assouplis sous les doigts du vannier.

Lorsque s'empourpreront les vignes à l'automne,
Lorsque les vendangeurs descendront des coteaux,
Brins d'osier, vous lierez les cercles des tonneaux
Où le vin doux rougit les douves et bouillonne.

Brins d'osier, brins d'osier,
Courbez-vous, assouplis sous les doigts du vannier.

Brins d'osier, vous serez la cage où l'oiseau chante,
Et la nasse perfide au milieu des roseaux,
Où la truite, qui monte et file entre deux eaux,
S'enfonce, et tout à coup se débat frémissante.

Brins d'osier, brins d'osier,
Courbez-vous, assouplis sous les doigts du vannier.

Et vous serez aussi, brins d'osier, l'humble claie
Où, quand le vieux vannier tombe et meurt, on l'étend,
Tout prêt pour le cercueil. — Son convoi se répand,
Le soir, dans les sentiers où verdit l'oseraie.

Brins d'osier, brins d'osier,
Courbez-vous, assouplis sous les doigts du vannier.

Le Rossignol.

I

Les nuits tièdes sont revenues.
Dans le bois qui bourgeonne encor,
A travers les feuilles menues,
Là-haut, tremble la lune d'or.

Les pleurs muets de la rosée
Baignent les fleurs au ras du sol,
Et dans l'air comme une fusée
Monte le chant du rossignol.

J'écoute, et noyé dans l'extase,
Comme un philtre je bois le son...
Mon cœur traduit phrase par phrase
La voluptueuse chanson :

« Au creux des aubépines,
Loin des yeux indiscrets,
Garnis de mousses fines,
Les nids sont déjà prêts;

« Sur eux les jeunes branches
Forment un dôme vert;
Les muguets ont ouvert,
En bas, leurs cloches blanches.

« Pour les frêles œufs gris
La couche est préparée...
Sous les rameaux fleuris,
Viens, ô ma préférée!

« Amour! amour! amour!
Les heures sont propices;
Vois : chatons et calices
Éclosent à l'entour.

« La nuit est claire et douce,
Pourquoi tarder encor?
Viens, le chaud nid de mousse
Attend son trésor... »

II

Et pendant que résonne, au creux de l'aubépine,
  L'amoureuse chanson,
Les désirs renaissants qui gonflent ma poitrine
  Chantent à l'unisson.

En voyant le printemps, jeune roi plein de grâce,
  Venir avec sa cour,
J'avais aussi gardé dans mon cœur une place,
  Un doux nid pour l'amour.

J'avais tout disposé pour mieux lui faire accueil ;
  Mes plus tendres pensées
En frais vêtements blancs se tenaient sur le seuil,
  Comme des fiancées.

Et dès le mois d'avril, quand je vis accourir
  La première hirondelle,
Quand je vis les sureaux du jardin se couvrir
  D'une robe nouvelle :

Debout sur le coteau, comme Héro sur sa tour,
  Tremblant, j'attendis l'heure
Où, franchissant la plaine et la forêt, l'amour
  Viendrait dans ma demeure...

De volupté le monde entier semble imprégné,
　　　Et moi, j'attends encore,
Et bientôt les chers œufs dans le nid dédaigné
　　　Ne pourront plus éclore.

Et mai, ceint de lilas, poursuit à travers bois
　　　Sa course triomphante,
Et les astres là-haut palpitent à la voix
　　　Du rossignol qui chante...

O rossignol charmeur, les airs passionnés
　　　Que ton gosier module,
Les bourgeons verts, l'odeur des muguets nouveau-nés
　　　Tout ce printemps 'me brûle !

Dis, toi qui sais l'amour... M'a-t-il abandonné ?
　　　Fuit-il, et ma jeunesse
Est-elle un seuil sans hôte, un logis ruiné
　　　Qui croule et qu'on délaisse ?

Chant de noce dans les bois.

Pour les grands bois, ensemble,
Partons au jour naissant,
Et choisissons un tremble,
Un tremble verdissant...
Qu'il soit svelte et superbe.
O ma brune aux yeux bleus,
Abattons-le dans l'herbe,
    A nous deux.

Il craque, il penche, il plie...
Victoire!... Il est tombé.
Vite, une bonne scie
De clair acier trempé;
De la racine aux branches,
Dans le tronc vigoureux
Coupons de minces planches,
    A nous deux.

Avec les planches blondes
D'où la sève jaillit,
Pour nos noces fécondes
Construisons un doux lit.
La mousse fine pousse
Autour des saules creux :
Emplissons-le de mousse,
    A nous deux.

Puis avec la ramure,
Préparons un berceau
Tapissé de verdure,
Frais comme un nid d'oiseau.
Pour la couche légère,
Pour l'oreiller moelleux
Tressons de la fougère,
    A nous deux.

Voilà la couche prête,
Voilà l'enfant venu...
Dans la barcelonnette
Il s'endort demi-nu.
Berçons, berçons ensemble
Le mignon aux yeux bleus,
Qui sourit et ressemble
    A nous deux.

Imité d'une chanson lithuanienne.

Le Coucou.

L E bois est reverdi ;
Une lumière douce
Sous la feuille, à midi,
Glisse et dore la mousse.
On dirait qu'on entend
Le bourgeon qui se fend
Et le gazon qui pousse.

Sur le bord des étangs
Où tremblent les narcisses,
Les trèfles d'eau flottants
Entr'ouvrent leurs calices.
Piverts et grimpereaux
Meurtrissent des bouleaux
Les troncs pâles et lisses.

La fauvette au buisson
Murmure une romance,
Courte et leste chanson

Qui toujours recommence.
Verdiers, pinsons, linots,
Merles et loriots,
Répondent en cadence.

O pénétrante voix
De la saison bénie !
Partout vibre à la fois
La tendre symphonie ;
Tout s'égaie aux entours.
Les bois sont pleins d'amours,
De fleurs et d'harmonie.

Mais dans la profondeur
Du taillis qui bourdonne,
Comme un écho pleureur
Une note résonne :
Du coucou désolé,
C'est l'appel redoublé,
La plainte monotone.

Quand les nids en émoi
Tressaillent d'allégresse,
Savez-vous, dites-moi,
Pourquoi cette tristesse ?
Pourquoi ce long soupir
Qui semble toujours fuir,
Et qui revient sans cesse ?...

4

Des saisons d'autrefois
Et des morts qu'on oublie,
Mes amis, c'est la voix
Dans l'ombre ensevelie ;
Au soleil, à l'air bleu,
Elle envoie un adieu
Plein de mélancolie.

Elle dit : « Rameaux verts,
Songez aux feuilles sèches !
Blondes filles aux chairs
Roses comme les pêches,
Amoureux de vingt ans,
Enivrés de printemps,
Songez aux tombes fraîches ! »

La Veillée.

A Alexandre Piédagnel.

La nuit est noire. A tout instant
La forêt, prise d'épouvante,
Tord ses grands bras verts. On entend
Dans les feuilles l'eau ruisselante.

Au logis du vieux braconnier
Tout est clos. — Les fils et le père,
Suivis d'un maigre lévrier,
Sont à l'affût dans la clairière.

Un enfant dort dans son berceau,
A côté du lit de l'aïeule ;
Assise et filant au fuseau,
La jeune fille veille seule.

La lampe au lumignon tremblant
Faiblement éclaire une joue,
Un coin d'oreille et le cou blanc
Où le lourd chignon se dénoue.

Elle est belle. Son sein d'enfant,
Son sein tiède parfois palpite :
Est-ce la peur, l'air étouffant,
Ou bien l'attente qui l'agite ?...

La porte glisse sur ses gonds,
Et la rafale pluvieuse
Pousse un jeune homme aux cheveux blonds
Dans la chambre silencieuse.

La fileuse lui tend les bras :
« O mon amour ! ô Madeleine ! »
— « Marchez tout doux, parlez tout bas !
Ma grand'mère s'endort à peine. »

Près de la vitre, assis tous deux,
Ils causent. La fillette essuie
Sur le front de son amoureux
Les froides larmes de la pluie.

« Je t'aime, ô chère enfant! » — « Et moi!
A rêver de vous, moi, je passe
Les jours et les nuits. Ah! pourquoi
Êtes-vous fils d'un garde-chasse?

Plus haut, plus grand que la forêt,
Entre nous deux un mur se dresse,
Et mon père me maudirait
S'il me savait votre maîtresse... »

Il l'interrompt, et tour à tour
Il baise ses yeux bruns limpides...
Tandis qu'ils s'enivrent d'amour,
Les heures s'envolent rapides.

Le coq chante au loin : « Coq maudit,
Tu mourrais, si j'étais ton maître! »
A l'orient le ciel blanchit,
La belle entr'ouvre la fenêtre.

Prompt comme un cerf, l'amoureux part
Et disparaît dans la ramée...
Sur la clairière un frais brouillard
Ondule comme une fumée.

Leur carnier vide sur le dos,
Les braconniers quittent la place,
Engourdis, trempés jusqu'aux os.
« Ni poil, ni plume, triste chasse! »

Ils voient tout à coup le fourré
S'agiter. « A vous ! » dit le père.
Les trois coups partent. « Bien tiré !
Victoire ! La bête est par terre. »

Le chien pousse un long hurlement ;
Le père s'avance et regarde...
Parmi les genêts teints de sang
Expire le blond fils du garde.

La Plainte du Bûcheron.

Dodo, l'enfant do ! — La forêt sommeille ;
Assis près d'un feu clair et réchauffant,
Un vieux bûcheron endort un enfant.
L'enfant a l'œil bleu, la lèvre vermeille ;
Le vieux est courbé, ridé, grisonnant...
« Dors, mon doux mignon, la forêt sommeille.

Dors, le plus beau temps est l'âge où l'on dort ! »
Une étoile luit, un vent léger passe.
L'aïeul se souvient qu'à la même place
Il berça le père :... « Ah ! d'un meilleur sort
Que Dieu, cher enfant, te fasse la grâce !
Dors, le plus beau temps est l'âge où l'on dort.

Ton père était beau comme un jeune chêne ;
Souple, agile et prompt comme un écureuil ;
Il avait la voix claire du bouvreuil,

Lorsque la saison d'amour est prochaine ;
La force et l'ardeur brillaient dans son œil.
Ton père était beau comme un jeune chêne.

Bien qu'il n'eût ni champ, ni toit, ni denier,
Plus d'un laboureur l'eût voulu pour gendre.
Il aimait ailleurs, il s'en alla prendre
— Dodo, l'enfant do! — chez un charbonnier,
Une belle enfant pauvre, fière et tendre,
Bien qu'il n'eût ni champ, ni toit, ni denier.

Comme le vin vieux l'amour nous enivre...
C'était au printemps ; dans les chemins creux
Les pommiers neigeaient sur les amoureux.
Mais avec l'hiver, la pluie et le givre,
La misère vint s'abattre sur eux...
Comme le vin vieux l'amour nous enivre.

Quand tu vins au monde, ô cher orphelin!
Les murs étaient nus, la huche était vide ;
Ta mère pressait sa mamelle aride ;
Tu pleurais... Que faire? Où trouver du pain?
Les murs étaient nus, la huche était vide,
Quand tu vins au monde, ô cher orphelin!

Ton père partit avec sa cognée...
— Dodo! l'enfant do! — « Du pain! Dans les bois,
J'en saurai trouver, dit-il, pour vous trois.

Grands chênes, fayards, futaie épargnée,
Tombez en dépit du garde et des lois!... »
Ton père partit avec sa cognée.

Mais un jour le deuil emplit la maison :
Le garde accourut, tremblant de colère,
— Dors, mon doux mignon ! — et l'on prit ton père
Aux gens de justice il criait : « Pardon !
L'enfant meurt de faim, l'enfant et la mère ! »
Ce jour-là le deuil emplit la maison.

Ton père en prison est mort à la peine;
Hier on a mis ta mère au cercueil.
Nous voilà tous deux restés sur le seuil,
Moi le tronc brisé, toi le gland du chêne.
Où chercher asile, où trouver accueil ?...
Ton père en prison est mort à la peine. »

— Dodo! l'enfant dort mollement bercé.
Au-dessus du bois la lune se lève;
Le vieux tremble et pleure, un sanglot soulève
Et fait soupirer son sein oppressé;
Ses pleurs vont tomber sur l'enfant qui rêve,
Sur l'enfant qui dort mollement bercé.

La Ferme.

A Camille Fistié.

Dans une combe où l'herbe pousse,
    Drue, à l'abri des grands bois,
La ferme repose et la mousse
    Verdit le chaume des toits.
Entre elle et la ville, deux lieues
    De sombres taillis épais
Et de landes aux teintes bleues
    Font le silence et la paix.

Humble est la ferme, humbles les hôtes ;
    Le vieux grand-père d'abord,
Aux épaules larges et hautes,
    Aux bras solides encor ;
Puis, mariés de l'autre année,
    La fermière et le fermier ;
Puis le roi de la maisonnée,
    L'enfant dans son nid d'osier.

Depuis un siècle leur famille
  Dans cet enclos isolé
Tient la charrue et la faucille,
  Sème et moissonne le blé.
Le grand lit à colonnes torses
  Sert depuis bientôt cent ans,
Et le même berceau d'écorces
  A bercé tous les enfants.

La ferme est heureuse : pour elle,
  Avril chante, mai fleurit ;
Pour elle, la fraise nouvelle
  En juin dans l'herbe mûrit ;
Le verger pour elle en automne
  Répand ses fruits à foison,
Et l'enfant robuste lui donne
  La joie en toute saison.

Parfois, auprès du seuil tranquille,
  Un passant qui vient s'asseoir,
Apporte un récit de la ville
  Que l'on commente le soir ;
Mais l'histoire, à travers la lande,
  Prend de tels airs merveilleux,
Qu'elle ressemble à la légende
  D'un pays mystérieux.

Ainsi dans cet étroit domaine
  Les jours s'enchaînent aux jours,

Amenant chacun même peine,
 Même effort, mêmes amours.
Le fermier et sa ménagère,
 Cœurs naïfs, bras vigoureux,
Battent le blé, bêchent la terre...
 L'enfant grandit auprès d'eux.

Comme eux, il saura dans la ferme
 Brandir le fléau; comme eux,
Labourer et d'une main ferme
 Guider deux paires de bœufs.
Quand sur sa lèvre souriante
 Un fin duvet blondira,
Dans son cœur une verte plante,
 L'amour s'épanouira.

Puis, à la bourgade prochaine,
 Il prendra femme à son tour...
A moins qu'un sergent ne l'emmène
 Aux roulements du tambour;
A moins qu'une royale guerre
 Ne l'arrache à son enclos
Et ne le jette à la frontière,
 Giberne aux flancs, sac au dos.

Le Charbonnier.

A Charles Hubert.

Les jours d'hiver sont revenus,
   Plus de feuilles aux branches;
Le givre couvre les bois nus
   De ses aiguilles blanches.
Dans la coupe où sont empilés
   Les menus brins de hêtre,
Les charbonniers sont installés,
   Femme, apprentis et maître.

La femme allaite un nourrisson
   Dans la hutte de mousse,
Et lui murmure une chanson
   Mélancolique et douce;
Le maître et ses gens, à l'entour
   Des fournaises nouvelles,
Montent la garde tour à tour,
   Comme des sentinelles.

Le charbon qui dort, abrité
　Sous une cendre épaisse,
Est comme un nourrisson gâté
　Qu'il faut veiller sans cesse.
Tout chôme avec un feu trop lent;
　Si la braise allumée
Flambe trop vite sous le vent,
　Tout s'envole en fumée.

Rude besogne, sans repos
　Et de sueur baignée!
Le charbonnier sur ses fourneaux
　Ressemble à l'araignée :
Elle ourdit vingt fois son réseau,
　Et quand la toile frêle
Est finie à peine, un oiseau
　L'emporte d'un coup d'aile.

Mais il n'est si triste saison
　Qu'un rayon ne colore,
Et dans la plus pauvre maison
　Le bonheur entre encore;
Si les misères du métier
　Troublent sa vieille tête,
Parfois aussi le charbonnier
　Connaît des jours de fête.

Un matin, le charbon paraît
　Sous la couche de terre :

Victoire! il est noir à souhait
 Et cassant comme verre;
Il sonne clair comme l'argent;
 A la forge on l'emmène,
Et dans les bois sourds on entend
 Rouler la banne pleine.

Le charbonnier n'a d'autre abri
 Que sa forêt natale,
Les muguets d'avril ont fleuri
 Sa couche nuptiale;
Pareils aux petits des oiseaux
 Nichés dans les bruyères,
Ses enfants n'ont eu pour berceaux
 Que l'herbe des clairières.

Né dans les bois, il veut mourir
 Dans le fond d'une combe.
Ses compagnons viendront bâtir
 Un fourneau sur sa tombe,
Un grand fourneau qu'on emplira
 De braise et de ramée,
Et son âme au ciel montera
 Avecque la fumée.

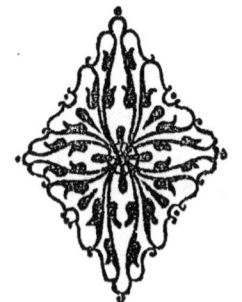

PAYSAGES ET PORTRAITS

La Loire à Langeais.

A Madame H.-C. Jenkin.

LARGE et lente, la Loire aux eaux éblouissantes
Se répand dans les prés aux clartés de midi.
Le sol brûle, là-bas les grèves blanchissantes
Sèchent au grand soleil leur limon attiédi.

Et sur les flots moirés dorment de vertes îles,
Ceintes de peupliers, d'aulnes et de bouleaux :
Rameaux flottants, feuillée épaisse, frais asiles,
Se bercent reflétés dans la splendeur des eaux.

Ouvrant ses bras d'argent, la royale rivière
Sur son sein qui frémit les presse avec amour ;
L'eau vers les saules gris, les saules vers l'eau claire,
Attirés et charmés s'avancent tour à tour.

Des vignes aux blés mûrs tout parle de tendresse.
C'est un murmure sourd, un chant voluptueux ;
La Loire, tout entière à sa muette ivresse,
Baise avec passion les vieux saules noueux...

La nuit vient. Au milieu d'une brume empourprée,
Le soleil s'est plongé dans l'onde qui rougit.
Le feuillage frissonne, et la lune dorée
Au sommet des noyers se montre et resplendit.

Et l'on entend dans l'eau, dans les sombres ramées,
Des rires, des baisers et des éclats de voix,
Comme si des amants avec leurs bien-aimées
S'entretenaient d'amour dans les sentiers des bois.

Et l'on croit voir passer de vagues ombres blanches :
Est-ce un frêle brouillard par le vent emporté,
Ou le jeu d'un rayon de lune sur les branches ?...
L'air exhale de chauds parfums de volupté.

C'est vous qu'on voit errer, ô splendides maîtresses !
Vous qui dans vos tombeaux sommeillez tout le jour,
Diane, Marguerite, ô reines, ô duchesses,
Fantômes des vieux temps et de la vieille cour !

Vous revenez la nuit : vos amants, vos poètes
Marchent à vos côtés. Fiers, souriants et beaux,
Contant de gais propos, chantant des odelettes,
Les couples enlacés glissent sous les bouleaux.

Véretz.

J'ENTENDIS un son clair et frais. Une fontaine
Jaillissait d'un tonneau dans la pierre sculpté ;
Limpide, brusque et prompt, le filet argenté
Bouillonnait en tombant dans la margelle pleine.

Au-dessus, des tilleuls se penchaient, ombrageant
L'onde où se reflétait leur image indécise,
Et jusqu'au porche bas et cintré de l'église
La fraîcheur et l'ombrage allaient se prolongeant.

C'était jour de marché bien que jour de dimanche ;
Aux yeux des acheteurs qui passaient et jasaient,
Sous les rameaux tremblants des femmes exposaient
Leurs légumes rangés sur une nappe blanche.

Vêtus de droguet gris, coiffés de feutre noir,
Des vieillards faisant cercle autour de la fontaine
Devisaient longuement de la moisson prochaine,
Tandis que l'eau chantait au creux du réservoir.

La cloche, s'éveillant dans le clocher de pierre,
Sonnait le catéchisme, et dans l'ombre on voyait,
Par le porche béant, la lampe qui brillait,
Ainsi qu'un ver luisant, au fond du sanctuaire.

D'enfants endimanchés un essaim babillard
Essayait une ronde à deux pas de l'église ;
Une petite fille au pied d'un arbre assise,
Apprenant sa leçon, restait seule à l'écart.

Tantôt elle agitait ses lèvres entr'ouvertes,
Et sur le livre usé sa tête se penchait ;
Tantôt, les yeux en l'air, rêveuse, elle cherchait
Le passage oublié parmi les branches vertes.

Filtrant dans les tilleuls, le gai soleil d'été
Éclairait les vieillards et l'enfant blonde et rose...
O tableau doux à voir, où le cœur se repose,
Et que le pur Brizeux en beaux vers eût chanté !

Intérieur.

A ma Mère.

Le salon est paisible. Au fond, la cheminée
Flambe, par un feu clair et vif illuminée.
Au dehors le vent siffle, et la pluie aux carreaux
Ruisselle avec un bruit pareil à des sanglots.
Sous son abat-jour vert la lampe qui scintille
Baigne de sa clarté la table de famille ;
Un vase plein de fleurs de l'arrière-saison
Exhale un parfum vague et doux comme le son
D'un vieil air que fredonne une voix affaiblie.
Le père écrit. La mère, active et recueillie,
Couvre un grand canevas de dessins bigarrés,
Et l'on voit sous ses doigts s'élargir par degrés
Le tissu nuancé de laine rouge et noire.
Assise au piano, sur les touches d'ivoire
La jeune fille essaye un thème préféré,
Puis se retourne et rit. Son profil éclairé
Par un pâle rayon est fier et sympathique.

Et si pur qu'on croirait voir un camée antique.
Elle a vingt ans. Le feu de l'art luit dans ses yeux,
Et son front resplendit, et ses cheveux soyeux
Tombent en bandeaux bruns jusque sur ses épaules.

Comme un vent frais qui court dans les branches des saules
Ses doigts, sur l'instrument tout à l'heure muet,
Modulent lentement un air de menuet,
Un doux air de *Don Juan*, rêveuse mélodie,
Pleine de passion et de mélancolie...
Et, tandis qu'elle fait soupirer le clavier,
Le père pour la voir laisse plume et papier,
Et la mère, au milieu d'une fleur ébauchée,
Quitte l'aiguille et reste immobile et penchée.
Et s'entre-regardant, émus, émerveillés,
Ils contemplent tous deux avec des yeux mouillés
La perle de l'écrin, l'orgueil de la famille,
La vie et la gaieté de la maison, — leur fille.

Portrait.

La beauté n'est pas toute aux lignes du visage.
La sienne est un mystère étrange et saisissant ;
C'est la subtile odeur de la menthe sauvage :
On ne l'aperçoit pas tout d'abord, on la sent.

Elle est brune et nerveuse, elle est pâle et petite ;
Ses traits irréguliers sont empreints de fierté ;
Dans ses yeux lumineux la poésie habite,
Et son corps frêle enferme un courage indompté.

Elle masque ses pleurs d'une gaieté vaillante ;
On devine pourtant la douleur dans sa voix,
On l'entend y passer voilée et palpitante
Comme un ramier blessé qui traverse les bois...

Mais son rire est si frais et paraît si facile
Qu'on se laisse tromper par son éclat perlé,
Et ce franc rire d'or sur sa lèvre mobile
N'a pas tinté deux fois qu'on est ensorcelé.

Son esprit vous imprègne et doucement vous hante :
On vient de la quitter, son fantôme vous suit;
On croit entendre encor sa parole vibrante
Peupler le logis vide où l'on rentre à la nuit.

Elle a le charme intime et fort d'un chant rustique.
Simple est la mélodie et triste le refrain,
Mais on est lentement pris par cette musique;
On la chante, on en rêve, on en a le cœur plein.

Le Grand-Père.

Dans ma cellule solitaire,
Où seul le souvenir me suit,
Que de fois j'ai songé la nuit
A la chambre où mon vieux grand-père
Vécut et s'endormit sans bruit!

Joyeuse chambre tapissée
D'un papier gris à grands dessins!...
Des résédas et des jasmins
Attiraient près de la croisée
Les mouches à miel par essaims.

Au bourdonnement des abeilles,
Du fond de sa cage un pinson
Répondait par un gai fredon,
Et jamais depuis mes oreilles
N'ouïrent si douce chanson.

Sur les blanches dalles de pierre,
Un bruit retentissait soudain,
Accompagné d'un vieux refrain :
C'était la canne du grand-père
Qui résonnait sur le chemin.

Il entrait. Par la porte ouverte
La joie entrait à son côté,
Car l'âge l'avait respecté,
Et sa vieillesse fraîche et verte
Brillait comme un beau soir d'été.

Dans son fauteuil de velours jaune
Assis, et moi sur ses genoux,
Il bourrait sa pipe de houx,
Sa pipe où l'on voyait un faune
Jouant de la flûte à six trous.

O pipe brunie et légère,
Ton vieux fourneau de bois sculpté
A mainte épreuve a résisté;
On t'allume encor!... Le grand-père
S'est éteint pour l'éternité.

Par une froide matinée,
La veille de la Chandeleur,
Sans voix, sans force et sans couleur,
Il laissa sa tête inclinée
Tomber sur son lit de douleur.

Ma mère mit sur son visage
Un baiser suprême et brûlant,
Et dans un cercueil de bois blanc
Le menuisier du voisinage
S'en vint le clouer en sifflant.

On attacha sa vieille épée
Au grand poêle noir de velours,
Puis, aux sons voilés des tambours,
La terre humide et détrempée
Le prit dans son sein pour toujours.

Maintenant sous l'herbe et la pierre,
A côté de sa sœur, il dort;
Et parfois dans un rêve encor
J'entends la canne du grand-père
Retentir dans le corridor.

Fleurs d'Automne.

SALON DE 1866.

A Philippe Rousseau.

Au seuil d'une pauvre demeure,
Par les premiers brouillards trempés,
Floraison de la dernière heure,
Les chrysanthèmes sont groupés.

Les feuilles aux tiges fanées
Déjà ne peuvent plus tenir;
On sent que les grises journées
Et les nuits froides vont venir.

Sur la vitre frêle et verdie
D'une cloche au châssis brisé,
L'œil demi-clos, l'aile engourdie,
Un rouge-gorge s'est posé...

Toile vivante et sympathique!
Par ce tableau tout imprégné
D'un charme intime et domestique
Le cœur est doucement gagné.

Comme ce pêcheur légendaire
Par le chant des flots fasciné,
Qui plonge et sous l'eau bleue et claire
Trouve un palais abandonné;

Dans les souvenances fuyantes
Mon esprit s'enfonce, et je vois
Les vieilles demeures absentes
Et les vieux amis d'autrefois :

Ma calme ville de province,
Les vignes aux pampres rougis,
La colline où l'église mince
S'élance entre les hauts logis...

J'y crois être encor! — La mésange
Gazouille dans les pruneliers,
Une molle odeur de vendange
Sort de la voûte des celliers;

La nuit vient, une vitre brille,
Et sur ce cadre radieux
Un fin profil de jeune fille
Se dessine, mystérieux;

Un chant monte, plein de tendresse,
Sous les rameaux jaunis des bois :
On dirait au loin la jeunesse
Et l'amour unissant leurs voix...

Soirs d'automne, jeunes années,
Pour vous réveiller de l'oubli,
Un oiseau, quelques fleurs fanées
Sur un coin de toile ont suffi.

Voilà l'art vrai, le seul qui dure
Et connaisse le vrai chemin
Qui de l'éternelle nature
Mène à l'éternel cœur humain.

Artiste, ta peinture sobre
Nous remue et ton œuvre est bon.
C'est assez de tes fleurs d'octobre,
Maître, pour faire aimer ton nom.

Oui, tant que des regards humides
Se tourneront vers le passé,
Tant que les ans fuiront rapides,
Semant comme un collier brisé

Leurs mélancoliques poèmes
D'amours morts, de mortes saisons,
On aimera tes chrysanthèmes
Jetant au vent leurs floraisons.

Hermann.

L'ÉTRANGE expression de ta tête inspirée
Et le rayonnement de ton regard vainqueur
Me hantent depuis l'heure où je t'ai rencontrée,
Jeune fille au nom mâle et fier comme ton cœur.

C'était dans un concert où se presse la foule;
Beethoven traduisait les cris du cœur humain
Avec son chant pareil aux sanglots de la houle;
Tu l'écoutais, muette et le front dans la main.

Tu rejetas soudain tes cheveux en arrière,
Palpitante, aspirant l'air sonore d'un trait,
Comme pour abreuver ton âme tout entière
Aux flots harmonieux que l'orchestre épanchait.

Tel un jeune chevreuil que le parc emprisonne ;
Si le souffle d'avril lui rapporte parfois
La senteur des forêts, il s'arrête, il frissonne
Et boit avidement l'air libre des grands bois...

Et je te contemplais, figure saisissante,
A la lèvre mobile, à la mate pâleur :
Blonds cheveux, longs yeux noirs, narine frémissante,
La bouche d'un enfant et le front d'un penseur.

La Métairie.

Midi brûlait le sol de ses rayons dorés
Et les bœufs assoupis sommeillaient dans les prés.
Tout reposait : l'oiseau, les blés mûrs, la feuillée;
Seule, chantait sans fin la cigale éveillée.
Nous vînmes nous asseoir dans l'herbe; — la chaleur
Avait rougi sa joue et son grand front rêveur.
Elle avait faim. — Derrière une vigne fleurie
Brillait dans le lointain un toit de métairie :
— Prenons par là, dit-elle. — Et nous voilà partis
A travers les halliers, les fossés, les pâtis.
Les portes de la grange étaient au large ouvertes;
Des fourches à la main, les métayers alertes
Rangeaient dans le fenil les foins tout parfumés,
Et deux bœufs ruminaient, dans l'étable enfermés.
Un figuier ombrageait une étroite masure;
C'est là qu'on nous mena, dans une salle obscure

Où, tandis qu'on cherchait du pain bis et du lait,
Nous demeurâmes seuls. — Par un trou du volet
Un rayon de soleil, rare et faible lumière,
Se glissait et dorait l'humble pavé de pierre ;
La muraille était nue et sur les ais pourris
Des brins d'herbe poussaient, d'humidité nourris.
Aux poutres du plancher, de grises araignées
Avaient tissé longtemps leurs toiles épargnées.
— Triste lieu, me dit-elle, et pourtant croyez-moi,
J'y vivrais bien heureuse avec vous... avec toi ! —
Ses yeux bruns souriaient. Je pris ses mains tremblantes ;
Je couvris de baisers ces yeux, ces mains charmantes,
Ce front pâle et baissé ; je sentis dans mes bras
Battre son pauvre cœur... Soudain un bruit de pas
Suspendit les baisers sur nos lèvres surprises :
C'était la métayère apportant des cerises
Dans leur feuillage vert, du pain cuit le matin,
Et du lait qui fleurait la lavande et le thym.

Amoroso.

Je la rencontre à la même heure,
Seule, sur le pont, chaque jour.
Elle regagne sa demeure
Au bord de l'eau, dans le faubourg.

Elle a vingt ans au plus, sa mise
Est simple, mais charmante à voir :
Sur les plis de sa robe grise
Tombe une mante de drap noir;

Son bonnet, dont le vent chiffonne
Les ruches aux tuyaux roulés,
Découvre une oreille mignonne
Et d'épais cheveux crêpelés.

Elle est petite, maigre et brune ;
Sous de longs cils son regard luit,
Comme un féerique clair de lune
Parmi les vapeurs de la nuit.

Sa bouche vermeille et charnue
Prend une étrange expression
De désir et de retenue,
D'ironie et de passion.

Les contours de son sein pudique
Et sa joue aux tons veloutés
Dans le pur marbre pentélique
Semblent avoir été sculptés.

Près des types de la Touraine,
Son air, son profil gracieux
De médaille syracusaine
Font un contraste merveilleux.

Vient-elle des îles qu'arrose
La mer de Grèce aux tièdes eaux,
Ou, plante rare, est-elle éclose
Dans les doux vergers tourangeaux?...

Je ne sais. Elle est ouvrière ;
Sur cette place, chaque soir,
Elle passe, sauvage et fière,
En revenant de son ouvroir.

Je la contemple et je l'admire,
Mon cœur la désire tout bas ;
Je la suis de loin sans rien dire,
Elle ne me voit même pas...

Puis, comme un écolier timide,
Je reviens par les quais déserts.
La nuit resplendit. Mon cœur vide
Se gonfle de regrets amers.

Et les étoiles qui tressaillent
Et semblent se chercher toujours,
Les claires étoiles se raillent
De mes platoniques amours.

Tours, juin 1860.

Une vieille Fille.

La maison qu'elle habite aux portes du faubourg,
En province, est muette, oubliée et maussade ;
Les grands vents pluvieux ont noirci la façade,
L'ombre emplit les couloirs, l'herbe croît dans la cour.

Avec de vieilles gens elle est là tout le jour,
Dans une chambre close où règne une odeur fade ;
Tout le jour elle est là, pâle et déjà malade,
Pauvre fille sans dot, sans beauté, sans amour.

Jadis, quand le printemps fleurissait sa fenêtre,
Elle disait, sentant frissonner tout son être :
— Le bonheur inconnu viendra-t-il aujourd'hui ?...

Les printemps sont passés, vides et lourds d'ennui ;
Son œil bleu s'est voilé d'une langueur mortelle ;
Elle dit maintenant : — La fin, quand viendra-t-elle ?...

L'Assemblée[*].

A Madame A.-M. Blancbecotte.

Vielles et cornemuse en chœur
  Retentissent dans la vallée.
Le vent porte sur la hauteur
Les joyeux bruits de l'*assemblée*.
On ne voit par les sentiers verts
Que fillettes aux coiffes blanches
Et garçons rayonnants et fiers
  Dans leurs habits des dimanches.

On danse à l'abri des tilleuls,
En face de la vieille église :
— En avant! les cavaliers seuls! —
Crie un vielleur à barbe grise;
Et, tandis que sur les tréteaux
L'orchestre s'essouffle et s'enroue,

[*] Fête de village en Touraine, où l'on vient louer des domestiques.

La contredanse sans repos
　　Se dénoue et se renoue.

Une auberge sous les noyers,
Se dresse, bourdonnante et pleine.
Là sont venus les métayers
Louer pâtres et gens de peine.
A flots coule le vin vermeil,
Le meilleur vin de l'hôtelière ;
On voit scintiller au soleil
　　Des rubis dans chaque verre.

Les gars qui veulent *se gager*
Pour la saison ou pour l'année,
Vigneron, faucheur ou berger,
Moissonneur, homme de journée,
Passent tous, souriants et forts,
Devant la porte au large ouverte ;
Tous à leurs feutres aux grands bords
　　Ont mis une branche verte.

Cet emblème parle pour eux ;
Il dit, ce frais brin de feuillage :
« Voyez, j'ai des bras vigoureux,
Je suis plein de cœur à l'ouvrage.
J'ai quitté mon toit ce matin ;
Ma mère, avec une caresse,
Ma mère m'a mis dans la main
　　Un écu, mince richesse.

« Maintenant qui veut me nourrir?
Qui veut me prendre en sa demeure?
Je fais serment de le servir
Le jour et la nuit, à toute heure.
J'irai surveiller ses pastours
Et battre son blé dans la grange;
Je ferai ses foins, ses labours,
　　Sa moisson et sa vendange... »

Puis, quand les gages sont donnés,
Ils s'en reviennent à la danse.
Sonnez, cornemuses, sonnez;
Toi, vielleur, marque la cadence!
Avec leur danseuse au côté,
Ils tournent et sautent sans cesse;
O dernier jour de liberté,
　　On te boit avec ivresse!

Aujourd'hui c'est l'air imprégné
D'amour, l'air natal du village;
Mais demain c'est le pain gagné
A la sueur de son visage.
Ce soir encor, tout est plaisir;
Mais demain il faudra connaître
L'escalier si roide à gravir,
　　Le dur escalier du maître!

Azly.

Calme petite ville, où t'ai-je déjà vue?
  Dans quel rêve ou dans quel pays?
Les noirs logis muets qui bordent chaque rue,
Avec leur forme étrange et pourtant bien connue,
  Me paraissent de vieux amis.

Les pignons au soleil découpent leurs sculptures,
  A leurs pieds l'ombre se répand;
L'herbe autour des pavés met de vertes bordures,
Les murs sont lézardés, aux poutres des toitures
  Le lierre grimpe et se suspend.

A la mode des temps anciens encor vêtues,
  Des servantes aux grands bonnets,
Droites sur les degrés aux assises moussues,
Restent sans mouvement ainsi que des statues;
  Dans l'air volent des martinets.

Ils volent vers la place où l'église dans l'ombre
    Entr'ouvre son portail cintré.
C'est dimanche, et déjà les fidèles en nombre
Vont s'asseoir gravement dans le chœur frais et sombre,
    De stalles de chêne entouré.

L'encens fume, la cloche, aux voix de l'orgue unie,
    Bourdonne, et c'est une chanson
Pleine d'émotion et de mélancolie...
Où donc ai-je entendu cette vague harmonie
    Qui me donne encor le frisson?

Tout près, une maison se dresse, morne et grise ;
    A la vitre où monte un jasmin,
Une enfant aux yeux bruns, triste et pâle, est assise ;
Elle suit dans leur vol les oiseaux de l'église,
    Et rêve le front dans la main. —

Oh! je me ressouviens!... La douleur inquiète
    Qui met tout mon cœur en émoi,
Je la comprends enfin! Chère ville muette,
Je connais quelque part une obscure retraite,
    Silencieuse comme toi.

C'est la même attitude immobile et glacée,
    La même église aux toits aigus,
Seulement la maison de jasmin tapissée
Est plus morne et plus vide encore ; à la croisée,
    La pâle enfant ne rêve plus.

Les volets sont fermés, la grande porte est close
　　Et le jasmin n'a plus de fleurs ;
Dans un tombeau profond la pâle enfant repose,
Et la rosée, hélas ! seule au matin arrose
　　La fosse étroite de ses pleurs.

Hélène.

Est-elle blonde ou brune?... On ne le sait pas bien.
Ses cheveux crêpelés aux nattes abondantes,
Encadrant un profil jeune et parisien,
Selon le jour et l'heure ont des teintes changeantes.

Bleue ou verte, quelle est la couleur de ses yeux?...
On hésite à le dire, et son regard ressemble
Au ciel d'avril, tantôt limpide et radieux,
Tantôt brouillé de pluie et d'azur tout ensemble.

Est-elle gaie ou triste?... Aux bois, le givre blanc
Tombe et soudain se fond en perles à l'air tiède :
Ainsi, quand dans ses yeux une larme en tremblant
S'est montrée, un sourire aussitôt lui succède.

Ondoyante figure! On ne peut la saisir,
Et sans cesse on la voit qui passe fugitive,
Comme un bleu papillon au fond du souvenir,
Légère et sérieuse, étourdie et pensive.

Champ de Bataille.

A Edmond Gondinet.

Le soir vient ; le soleil empourpre en s'abaissant
La lisière d'un bois aux profondeurs sereines ;
Dans la plaine, un tumulte emplit l'air frémissant :
Canonnade, clairons, tambours, clameurs humaines !
L'horizon est voilé d'une vapeur de sang.

La bataille a duré tout le jour, — et dans l'ombre,
Là-bas où le sol noir avec le ciel se fond,
Dans les chemins couverts de cadavres sans nombre
Et les blés verts fauchés par les balles de plomb,
Elle se continue impitoyable et sombre.

Dans les champs, dans les clos du village détruit,
Les blessés et les morts font une large voie
Qui du fleuve en rumeur aux bois muets conduit,
Et l'œil peut suivre, au vol des lourds oiseaux de proie,
La piste des soldats s'égorgeant dans la nuit.

C'est une âpre mêlée où l'on ne sent plus vivre
Un seul des grands instincts que l'homme a dans le cœur,
Où le sang veut du sang, où le fer et le cuivre
Rendent la force aveugle et cruelle la peur ;
L'âme entière a sombré; la bête humaine est ivre.

Parfois les combattants s'apaisent, et les sons
Confus des nuits de juin montent par intervalles,
Et les grillons des prés murmurent leurs chansons.
Les conscrits mutilés lèvent leurs têtes pâles,
Blonds fils de paysans couchés sous les buissons.

L'autre année, ils marchaient joyeux dans leurs collines,
Robustes laboureurs ou bûcherons hâlés,
Humant à pleins poumons l'odeurs des aubépines,
Et, comme l'alouette à l'essor dans les blés,
Sentant l'air libre et pur jouer dans leurs poitrines.

Et les voilà sur l'herbe et le sable étendus...
Adieu la vie, adieu le jour, adieu la terre !
Ils jettent vainement des cris inentendus ;
La mort vient ; — maudissant les rois qui font la guerre,
Leur bouche se referme et ne se rouvre plus.

La lutte se poursuit horrible, haletante,
Sans quartier, sans merci, baïonnette en avant ;
Les carrés enfoncés roulent dans l'eau sanglante...
Jusqu'aux cimes des monts impassibles le vent
Emporte une clameur de rage et d'épouvante.

La déroute commence ; ainsi que des troupeaux
Effarés, les fuyards courent dans la vallée.
La bataille est finie. — Aux clartés des flambeaux,
Aux salves des tambours, d'orgueil l'âme gonflée,
Le vainqueur rentre au camp et compte ses drapeaux.

Tandis que l'aube grise éclaire ceux qui meurent,
Le bruit de son succès vole par l'univers...
Et là-bas, dans les bourgs où les femmes demeurent
Près des foyers éteints de leurs logis déserts,
Dans les bourgs dépeuplés, là-bas les mères pleurent.

Juillet 1866.

LES ARAIGNÉES

I

Le Tisserand.

La cave est froide et sombre. Un escalier glissant,
Envahi par l'ortie et la mousse, y descend.
L'eau filtrée à travers les pierres de la voûte
Sur le sol détrempé se répand goutte à goutte.
L'enduit des murs s'écaille et s'en va par morceau ;
La fenêtre mal close est veuve d'un carreau.
Dans le cadre béant de la vitre éborgnée,
Depuis le jour naissant, une grise araignée
Va, vient, croise ses fils, tourne sans se lasser,
Et déjà l'on peut voir les brins s'entrelacer
Et dans l'air s'arrondir une frêle rosace,
Chef-d'œuvre délicat de souplesse et de grâce.

Parfois dans son travail l'insecte s'interrompt,
Son regard inquiet plonge au caveau profond.

Là, dans un angle obscur, un compagnon de peine,
Un maigre tisserand, pauvre araignée humaine,
Façonne aussi sa toile et lutte sans merci.
Le lourd métier, par l'âge et la fraîcheur noirci,
Tressaille et se débat sous la main qui le presse;
Sans cesse l'on entend sa clameur, et sans cesse
La navette de bois que lance l'autre main
Entre les fils tendus fait le même chemin.
Du métier qui gémit le tisserand est l'âme
Et l'esclave à la fois : tout courbé sur la trame,
Les pieds en mouvement, le corps en deux plié,
A sa tâche, toujours la même, il est lié
Comme à la glèbe un serf. Les fuyantes années
Pour lui n'ont pas un cours de saisons alternées ;
Dans son caveau rempli d'ombre et d'humidité,
Il n'est point de printemps, d'automne, ni d'été ;
Il ne sait même plus quand fleurissent les roses,
Car, dans l'air comprimé sous ces voûtes moroses,
Jamais bouton de fleur ne s'est épanoui.
Les semaines n'ont pas de dimanche pour lui;
Quand il sort, c'est le soir, pour rendre à la fabrique
Sa toile et recevoir un salaire modique;
Puis il rentre, ployé sous son faix de coton.
Le dur métier l'attend, les lames de laiton
Se partagent les fils dont la *chaîne* est formée.
A l'œuvre maintenant ! La famille affamée,

Si la navette hésite ou s'arrête en chemin,
La famille n'aura rien à manger demain.
O maigre tisserand, ô chétive araignée,
Vous avez même peine et même destinée,
Et dans le même cercle aride votre sort,
Pénible et résigné, tourne jusqu'à la mort.
De l'aube au crépuscule il faut tisser sans cesse;
Il faut tisser pour vivre, et si la faim vous presse,
Si le besoin roidit vos bras endoloris,
Le travail chôme... Adieu le réseau de fils gris,
Et la trame légère et souple comme un voile !
Sans toile plus de pain, et sans pain plus de toile...
Votre vie a le même horizon désolant,
O chétive araignée, ô maigre tisserand !

A l'approche du soir, l'homme un instant s'arrête.
Il a les reins rompus, sa main tremble, et sa tête
Est lourde. Son regard anxieux et troublé
Contemple le châssis où l'insecte a filé.
Le soleil qui s'éteint dans la brume rougie
Empourpre les carreaux de la vitre ternie...
Au long des grands bois verts et baignés de clarté,
Qu'il serait bon d'errer ce soir en liberté !...
Par l'étroit soupirail, le vent du sud apporte
Des sons lointains de cloche et l'odeur saine et forte
De la terre attiédie et des foins mûrissants...
Qu'il ferait bon dehors ! Heureux les lis des champs !
Leurs fleurs « emmi les prés ne filent ni se tissent »,
Et toujours leurs soyeux vêtements resplendissent,

Et toujours sans compter Dieu leur donne au réveil
Ses perles de rosée et ses flots de soleil.
Heureux les lis des champs !...

       L'homme se décourage
Et n'ose même plus regarder son ouvrage.
L'insecte, sur ses fils immobile, inquiet,
Comme une sentinelle épie et fait le guet.
— Jouant dans un rayon, bourdonnante, étourdie,
Dans la toile flexible et savamment ourdie
Une mouche soudain s'enlace et se débat.
Alerte, l'araignée accourt, et le combat
S'engage. La captive est brave et bien armée ;
L'araignée est ardente, implacable, affamée.
Sur l'aile frémissante et le corselet bleu
Elle lance des fils gluants, et peu à peu
Elle roule la mouche en un linceul de mailles,
Et l'emporte broyée entre ses deux tenailles.

La nuit vient, dérobant victime et meurtrier.

Le tisserand pensif retourne à son métier.
Quoi ! partout la douleur à sa proie acharnée,
Et la vie à la mort à jamais enchaînée !
Partout lutte et travail !... L'insecte à peine né
A cette loi terrible obéit, résigné ;
Et les grands lis tout fiers de leurs blanches corolles,
Les lis immaculés, s'ils trouvaient des paroles,
Qui sait ce qu'ils diraient de leurs efforts sans fin

Pour germer, pour jaillir du bulbe souterrain,
Et pousser droit leur tige et fleurir à l'air libre?...

Il relève la tête, il sent dans chaque fibre
De ses muscles lassés la vigueur revenir.
Courage ! le pain manque et le jour va finir;
Courage !... Et vous, leviers, sous le pied qui vous guide,
Montez et descendez. Toi, navette rapide,
Fais ton devoir. — Les fils se croisent mille fois,
L'étoffe s'épaissit sur le rouleau de bois,
Et longtemps dans la nuit calme on entend encore
Du métier haletant le bruit sec et sonore.

II

La Brodeuse.

La matinée est froide, octobre va finir.
La brodeuse, là-haut, travaille à sa croisée,
D'où l'on voit scintiller les toits blancs de rosée,
Et les bois des coteaux à l'horizon jaunir.

Elle n'a pas trente ans encor; mais la jeunesse
Que ne dorent l'amour ni la maternité,
Demeure sans parfum, sans duvet velouté,
Comme un fruit que jamais le soleil ne caresse.

Son front pâle est plissé, ses yeux se sont flétris
A veiller aux lueurs d'une lampe malsaine;
Sa taille s'est voûtée, et sa robe de laine
Flotte autour de son sein aux contours amaigris.

Hier pour achever ce lot de broderies,
Elle a passé la nuit, ses doigts sont engourdis ;
Et ce matin voici que le fin plumetis
Déroule sa guirlande aux torsades fleuries...

Elle est lasse et malade. Un âpre accès de toux
L'épuise... Elle interrompt ce travail qui la tue,
Et ses grands yeux souffrants errent dans l'étendue.
— Le soleil luit plus clair et le vent est plus doux.

Lentement, mollement, dans l'air qui les balance,
De longs fils argentés, plus fins que des cheveux,
Montent, montent, légers, ondoyants, vaporeux ;
Avec leurs écheveaux le vent joue en silence.

Ils passent. Quelques-uns attachent aux rameaux
Leurs transparents tissus, flottantes broderies ;
D'autres vont se mêler aux herbes des prairies :
Tout leur est un appui : chaumes, buissons, ormeaux.

Un insecte, une pâle et mignonne araignée
Ourdit ces fils soyeux à l'heure des amours ;
Puis, comme une épousée aux gracieux atours,
Elle part, suspendue à ce char d'hyménée.

Elle vole au-devant de l'époux désiré...
Le voici ! — Brins de jonc, tendres pousses des frênes,
Prêtez-leur un asile, et vous, tièdes haleines,
Bercez dans un rayon le couple enamouré !

L'amour !... Et toi, brodeuse, es-tu donc condamnée
A ne jamais trouver l'amoureux idéal ?
Ne broderas-tu pas ton voile nuptial,
O pâle et chaste sœur de la grise araignée ?...

Qui l'aimerait ? — Son cœur repousse fièrement
Ces vénales amours, fausses comme l'ivraie,
Qui laissent le dégoût à l'homme qui les paie
Et souillent à jamais la femme qui les vend.

Qui l'aimerait ? — Un pauvre et rude mercenaire ?
Mais l'amour prend du temps, et chaque instant perdu
Coûte un morceau de pain ; l'amour est défendu
A qui matin et soir lutte avec la misère.

Non, elle traînera ses jours laborieux
Dans son réduit glacé, sans enfant, sans caresse,
Jusqu'à l'heure où, tombant sous son faix de détresse,
Aux clartés de ce monde elle clôra ses yeux.

Là-bas, où le gazon sur les tombes récentes
Se gonfle, son corps las ira se reposer,
Et les fils de la Vierge accourront s'enlacer
Sur sa fosse, parmi les herbes jaunissantes.

VERONICA

Veronica.

J'ai tenté bien des fois de la peindre en mes vers ;
J'ai dit l'enchantement de sa bouche rieuse
Et ses yeux veloutés couleur de scabieuse,
Si tendres et si fins, si profonds et si clairs.

Je veux que, sans la voir, d'un trait on la connaisse,
Et toujours je reprends le portrait préféré ;
Vains efforts ! Je ne puis jamais rendre à mon gré
Ce qui charme le plus en elle, — la jeunesse.

Jeunesse de l'esprit, jeunesse de la voix,
Jeunesse du visage... Elle n'a qu'à paraître,
On sent comme un parfum de mai qui vous pénètre,
Et l'on entend chanter les rossignols des bois.

On voit, comme un oiseau parmi les églantines.
Un rayon de gaîté dans ses yeux voltiger,
Et son éclat de rire argentin et léger
Semble un limpide écho des saisons enfantines.

Souvenir.

Tandis que l'hiver à ma porte
Se lamente, un songe m'emporte
Vers le gai printemps d'autrefois,
Et le souvenir fait revivre
Sur mes vitres blanches de givre
Nos promenades dans les bois ;

Et sous les arcades lointaines
Des bouleaux penchés et des frênes
Que berce le vent du matin,
Je crois revoir l'enchanteresse
Qui garde depuis ma jeunesse
Mon cœur dans sa mignonne main.

A l'époque où le muguet pousse,
— O souvenance triste et douce ! —
Un jour, à travers la forêt,
Nous cheminions. La tourterelle
Chantait, et mon amour, comme elle,
Au fond de mon cœur soupirait.

Nos pas erraient à l'aventure.
Tout autour de nous, la nature
Paraissait prise d'un frisson ;
Les hêtres inclinaient leurs branches,
Et sur leurs tiges les pervenches
Se haussaient le long du buisson.

Au bord des étangs solitaires,
En la voyant, les salicaires
Semblaient se réveiller soudain,
Et se répéter à voix basse :
« Voici la jeunesse et la grâce
Qui s'avancent dans le chemin. »

Sur la feuillée épanouie
Tout à coup une fine pluie
Descendit du ciel assombri,
Et sous une hutte voisine,
Au toit moussu tout en ruine,
Nous courûmes chercher abri.

Pauvre demeure, et pourtant chère !
L'averse menue et légère
D'un bruit frais remplissait le bois ;
Au loin, les cloches de la ville
Résonnaient, et dans notre asile
Le vent d'est apportait leurs voix.

Elles semblaient me chanter : — « Ose !
Parle ! » — Et ma bouche longtemps close
S'ouvrit pour dire que j'aimais...
Aussitôt sa main frémissante
Referma ma lèvre tremblante
Avec ce simple mot : — Jamais !

Jamais ! — Sur mon visage encore
Je sens comme un feu qui dévore,
Le contact de ses petits doigts...
Jamais ! — Nous quittâmes la hutte. —
On entendait comme une flûte
Le loriot au fond du bois.

Elle écoutait, pâle, oppressée ;
On devinait qu'en sa pensée
Un cruel combat se livrait.
Ses yeux essayaient de sourire,
Et nous suivions sans rien nous dire
La lisière de la forêt.

Jamais! — Les bouleaux et les charmes
Secouaient leurs branches en larmes,
Et les rossignols des entours
Modulaient, dans l'ombre des chênes,
L'hymne des incurables peines
Et des impossibles amours.

Lied.

Vos yeux sont purs comme une eau vive ;
   Au travers du courant profond
On voit un fin sable d'or blond
Luire sous l'onde fugitive ;
Ainsi votre esprit luit au fond
De vos yeux purs comme une eau vive.

De vos lèvres jusqu'à vos yeux
Un clair sourire va sans cesse.
Tantôt imprégné de tendresse,
Tantôt presque malicieux,
Il glisse comme une caresse
De vos lèvres jusqu'à vos yeux.

Vos yeux bruns sont comme des flèches
Aux fers légers et frémissants ;
Mon cœur depuis plus de dix ans
Garde les traces encor fraîches
Du mal fait par vos yeux perçants,
Vos yeux perçants comme des flèches.

L'Adieu aux Bois.

Bouquets de saules, nids blottis
  Dans la grande herbe,
Sources où les myosotis
  Montent en gerbe.

Bois de la ferme aux bleus lointains,
  Futaie en pente
D'où l'on entend soirs et matins
  Le coq qui chante;

Vignes, colline aux doux contours,
  Heureuses places,
Frais chemins qui de mes amours
  Gardez les traces;

Prés où le narcisse est mêlé
    Aux graminées,
Forêts d'où je suis exilé
    Pour des années ;

Ah ! quand aux nouvelles saisons
    La bien-aimée
Effleurera de vos gazons
    L'herbe charmée,

Quand à l'ombre des rameaux verts
    Vous verrez luire
Ses lèvres roses, ses yeux clairs,
    Son clair sourire,

Faites pousser toutes vos fleurs
    Sur son passage,
Envoyez toutes vos senteurs
    Vers son visage.

Gouttes d'eau, perles qu'aux matins
    Le vent secoue,
Roulez sur ses cheveux châtains
    Et sur sa joue ;

Chantez-lui, pinsons et ramiers,
    Ces mélodies
Dont jadis vous accompagniez
    Nos causeries.

Et vous, véroniques des bois,
    Vous, ses marraines,
Ouvrez vos fleurs entre ses doigts
    Sous les grands chênes;

Puis parlez-lui, prenez ma voix,
    Soyez moi-même;
Dites-lui toutes à la fois
    Comme je l'aime!

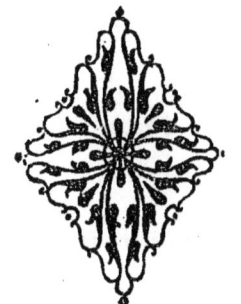

SYLVINE

A la mémoire de mon Père.

Sylvine.

I

En haut, la salle est large et presque démeublée.
La mort est sur le seuil. — Du milieu de l'allée,
On entend dans la nuit râler le moribond,
Vieillard que la douleur a tordu comme un jonc.
La blafarde lueur d'une lampe fumeuse
Laisse voir son grand front et sa face anguleuse,
Et ses yeux noirs au fond de l'orbite enfouis...
Auprès d'un bénitier où trempe un brin de buis,
Un vieux prêtre est assis dans la pénombre, et prie.
Soutenant du mourant la tête endolorie,
Un jeune homme au chevet se penche, et son regard
Triste et pieux s'attache à ce pâle vieillard
Qui souffre sans se plaindre et meurt sans épouvante.
Au dehors, l'ouragan déchaîné se lamente ;
Au dedans, sur les murs, les portraits des aïeux,
Des splendeurs d'autrefois seuls débris précieux,
Contemplent gravement leur race à l'agonie.
— O sires de Paulmy, vous dont la baronnie

Valait des marquisats et des principautés,
Vous dont les châteaux-forts menaçaient les cités,
Puissants seigneurs terriens, ruisselants de richesses,
Prélats et maréchaux, chambellans et comtesses,
Penchez-vous ! Regardez, longues files d'aïeux,
Ce que le temps a fait de vos derniers neveux !...
Sous le plus pauvre toit d'un faubourg populaire,
Le vieux Marc de Paulmy va mourir de misère.

Le vieillard se leva brusquement, puis il prit
Entre ses doigts les mains du jeune homme, et lui dit :
« Mon fils, je sens la mort qui plane sur ma couche;
Avant donc que sa main de marbre ait clos ma bouche,
Écoute-moi. — L'esprit de ce siècle est mauvais,
A son œuvre maudit ne travaille jamais.
Sois fier ! Tous tes aïeux furent des gens d'épée,
Fais-toi comme eux une âme austère et bien trempée ;
Ne mêle pas ton nom à des trafics d'argent,
Surtout ne sois jamais manœuvre ni marchand.
Reste pauvre et sois fier. Sois fier ! que dans ton âme
Ces mots soient à jamais gravés ; qu'en traits de flamme
Ils éclairent la nuit ton rêve, et qu'au matin
Ils résonnent pour toi comme un timbre d'airain !... »
Il s'était soulevé sur son lit, et la fièvre
Illuminait ses yeux et pâlissait sa lèvre ;
Dans son cœur le vieux sang des ancêtres battait.
Lazare l'entourait de ses bras et sentait
Je ne sais quoi de fort passer dans tout son être...
Mais la voix fit silence. « Il est mort », dit le prêtre

En aspergeant le corps avec le buis bénit.
L'ombre envahit Lazare, et la salle s'emplit
D'obscures visions aux mornes attitudes ;
Il entendit le vent glacé des solitudes
Pleurer dans la maison, et vit, épouvanté,
Le deuil et l'abandon s'asseoir à son côté.
. . . .

En bas, la cave est nue et la nuit l'environne.
Les rayons incertains d'un pâle jour d'automne
Pénètrent lentement jusqu'au fond du cellier
Où Roch le tisserand a fait son atelier...
La mort entre avec eux. — Sur sa pauvre couchette
Une enfant de quatre ans gît fiévreuse et muette ;
Encore un mouvement, un dernier spasme encor,
Pareil au doux frisson d'un oiseau qui s'endort,
Puis plus rien... La voilà morte et déjà livide !
Son âme blanche fuit, loin de la cave humide,
Vers ce ciel des enfants, tout bleu, tout radieux,
Où la douleur jamais ne fait pleurer leurs yeux.
Le petit corps glacé reste sur la couchette ;
Ses traits sont beaux malgré leur pâleur violette,
Car l'enfance est bénie, et son charme est si fort
Qu'il triomphe et persiste au-delà de la mort.
Tout autour du berceau la famille est groupée :
La mère anéantie et de stupeur frappée,
Semble dans son malheur une autre Niobé ;
Le père, maître Roch, vers l'enfant s'est courbé,
Anxieux, incrédule. — A ses pieds, un jeune homme,

Un pauvre estropié, blême et chétif, qu'on nomme
Jean Caillou *le flûteur,* sanglote, et lentement
Entre ses maigres doigts roule un jouet d'enfant.
La pâle sœur aînée, adossée à la porte,
Taille dans une robe un linceul pour la morte.
Elle est grave et pensive, elle est belle; non pas
De la beauté des lis, des roses, des lilas,
Cette beauté splendide et pleinement éclose,
La beauté des heureux; — non, mais tout autre chose :
Un charme intérieur, pénétrant, concentré;
Un maigre et fier visage ardemment éclairé
Par des yeux bruns profonds où la vie étincelle,
Purs comme l'eau de source et limpides comme elle;
Un front large où l'on sent l'effort victorieux
De l'âpre volonté; de noirs cheveux soyeux
Effleurant un cou blanc; — telle apparaît Sylvine.
Rien qu'aux sobres contours de son sein, l'on devine
Un lumineux esprit répandant son éclat
Dans ce corps transparent, suave et délicat.

Cependant le jour croît dans la cave. Le père
Se lève brusquement, et d'une voix sévère :
« Elle est morte, dit-il, vous pourriez sangloter
Pendant plus de cent ans sans la ressusciter.
Assez pleuré! La mort clémente l'a ravie
A l'heure où l'on ne voit que le beau de la vie;
Tant mieux! Elle n'aura là-haut ni froid ni faim,
Et ne connaîtra pas l'horreur des jours sans pain.
Nous qui lui survivons, songeons à notre tâche,

Perdre son temps en pleurs est inutile et lâche ;
Les pauvres gens n'ont pas le loisir de pleurer.
Entends-tu, Jean Caillou ? Cesse de soupirer.
Allons, je ne veux plus voir de regards humides ! »
Et Roch, le tisserand aux paroles rigides,
S'assied à son métier ; mais, malgré ses efforts,
Sa douleur se révolte et jaillit au dehors.
Il étouffe, son cœur bondit, ses yeux se mouillent,
Et sous ses doigts tremblants les fils croisés se brouillent.
Un moment comprimés, les pleurs coulent à flots,
Et le sombre logis retentit de sanglots.

II

Il est midi. Lazare est seul au cimetière,
Assis près de la fosse où l'on a mis son père,
Et de cruels pensers au cœur de l'orphelin
Fermentent sourdement, comme un aigre levain.
Il sent la pauvreté resserrer à chaque heure
Son cercle impitoyable autour de sa demeure,
Et par delà le mur de l'étroite prison,
Il entrevoit le monde à l'immense horizon
Où la foule s'agite et se répand, confuse
Comme l'eau bouillonnante au sortir de l'écluse ;
Le monde qui sourit, qui chante et resplendit,
Et qu'à son lit de mort le vieux Marc a maudit.
Près de lui tout est noir, là-bas tout est lumière.
— Le mineur qui se creuse un chemin sous la terre
Et dont les tristes jours ressemblent à des nuits,
Parfois lève la tête, et du fond de son puits
Regarde en soupirant la lointaine ouverture
Qui conduit au soleil, à l'air, à la verdure. —
Du fond de la misère et de l'isolement,
Ainsi Lazare aspire à ce monde charmant,

Et dans sa lutte avec ce désir indocile,
Comme une flamme au vent, sa volonté vacille...
Mais voici qu'à l'abri des saules frémissants
Une ouvrière en deuil s'achemine à pas lents.
C'est Sylvine. L'oiseau qui saute sur la mousse
Et la feuille des bois qui tombe sans secousse,
Se posent sur le sol avec moins de douceur
Que ses deux pieds légers. Elle apporte à sa sœur
Les humbles ornements des tombes plébéiennes, —
Des fleurs des champs : — asters et grappes de troënes,
Campanules d'automne et pâles serpolets,
Gentianes des bois aux reflets violets,
Scabieuses, lilas, bruyères, vipérines...
Comme les deux logis, les tombes sont voisines ;
Elle arrive à la place où dort sous le gazon
L'enfant du tisserand auprès du vieux baron,
Et tout en disposant ses fleurs dans l'herbe humide,
Elle songe au logis muet, au berceau vide,
A la mignonne enfant que le ciel lui reprit...
Elle était si vivante et de corps et d'esprit !
Rieuse et remuée, active et caressante,
Elle allait et venait dès l'aube blanchissante.
S'agitant tout le jour, lorsque approchait le soir,
Sur sa petite chaise elle se laissait choir,
Et l'on voyait fléchir sa tête appesantie
Comme une rose en fleur par l'ondée alourdie...
Sur ses lèvres un jour le rire s'est éteint,
La fièvre et l'insomnie ont fait pâlir son teint ;
Elle est morte !... Sylvine en tremblant s'agenouille,

Son sein gonflé frissonne et son regard se mouille,
Le jeune homme est ému. Cette grave beauté,
Cette noblesse unie à tant de pauvreté,
Font battre doucement son cœur dans sa poitrine...

Après avoir prié sur la fosse, Sylvine
Se relève et s'éloigne, et Lazare pensif
L'admire et suit des yeux, de massif en massif,
Sa marche harmonieuse entre les tombes blanches.
Un autre aussi la suit de loin parmi les branches :
C'est Jean Caillou rêveur... A Lazare, en fuyant,
Il lance un noir regard, farouche et méfiant...

III

Parmi tous les foyers de lumière idéale,
La clarté la plus pure et la plus amicale,
O lune, c'est la tienne! — A l'heure où le soleil
S'éteint dans les vapeurs de l'occident vermeil,
Tu sors timidement de ta calme retraite ;
Sur ton trône d'argent tu te glisses discrète,
Et des étoiles d'or le peuple harmonieux
Dispose autour de toi ses chœurs silencieux.
O Cynthia Phœbé, ta lumière sacrée
Sur la terre qui dort tombe chaste et nacrée.
Le moindre pli du sol par elle est visité :
Dans la mousse qu'effleure un rayon velouté,
L'hyacinthe sauvage entr'ouvre ses calices ;
Sitôt que tu parais, les bois avec délices
Bercent leurs frais rameaux baignés de ta lueur ;
Les grands bœufs assoupis dans les pâtis en fleur
Ouvrent leurs doux regards quand tu sors de la nue,
Et leurs mugissements accueillent ta venue;
Les nids chantent; la mer enfle ses flots houleux,
Et soulève vers toi son sein tumultueux...
A travers les carreaux d'une pauvre cellule,
Tu pénètres ce soir avec le crépuscule,

O lune! et ta lueur éclaire le réduit
Où Jean Caillou s'enferme au tomber de la nuit.
Les murs sont froids et nus ; au bord de la croisée,
Le seul trésor du maître, une flûte, est posée.
— Dans le fond de son cœur Jean cache à tous les yeux
Un amour contenu, chaste et mystérieux.
Il arrive ce soir d'une course lointaine;
Il est las, il est triste, et sa poitrine est pleine
De sanglots refoulés. Il ouvre le battant
De sa vitre. La pluie a cessé, l'on entend
Des gouttes d'eau rouler sur les feuillages sombres
Et le crapaud plaintif chanter dans les décombres;
Les rapides métiers des maîtres tisserands
Font résonner au loin leurs accords déchirants.
Jean, qui fixe les yeux sur la cave voisine,
Voit tout à coup briller la lampe de Sylvine.
Alors il prend sa flûte, et dans la calme nuit
Un chant mélancolique et doux s'épanouit.
Cet air touchant, les mots pourraient le reproduire,
Tant il exprime bien ce que le cœur veut dire !...

Aux vitres de Lazare ainsi qu'au seuil de Jean,
La lune ce soir-là lance un rayon d'argent,
Et comme le flûteur, Lazare à la croisée
Est assis, et Sylvine occupe sa pensée.
Mais s'il l'aime, pourquoi ces rougeurs sur son front
Et cette inquiétude, et ce trouble profond?
On croit voir scintiller, comme un éclair qui passe,
Au fond de ses yeux bleus tout l'orgueil de sa race.

Il tressaille; on dirait que son père mourant
Revient pour lui crier : « Souviens-toi de ton rang ! »
Un violent combat se livre dans son âme.
Cependant l'huile meurt dans la lampe, la flamme
S'évanouit, et seul, ton croissant argenté,
O lune, verse encore une blanche clarté.
On n'entend plus au loin qu'une flûte plaintive
Dont le chant triste et doux jusqu'au jeune homme arrive.
Encore un faible son qui se perd, et le bruit
S'envole, et tout s'endort dans la paix de la nuit.

IV

Allumez un grand feu. Faites flamber dans l'âtre
Des pommes de sapin à la flamme bleuâtre,
Voici venir l'hiver sur son char de glaçons,
Traîné par les corbeaux aux sinistres chansons.
Il se hâte, et le ciel sur ses pas devient sombre.
Qu'ont fait les bois de leurs oiseaux et de leur ombre,
De leurs plantes en fleurs et de leurs papillons?
Mornes sont les forêts et mornes les sillons;
La terre se morfond dans sa robe de veuve;
Voici l'hiver, voici les jours noirs de l'épreuve.
Écoutez! L'ouragan se déchaîne, et sa voix
Hurle pendant la nuit comme un chien aux abois.
Allumez un grand feu. La neige sur la terre
Tombe, tombe sans bruit, délicate et légère,
Et sa blancheur revêt les champs silencieux
Jusqu'à l'horizon vague où se perdent les yeux.
Le froid pique, le givre a fleuri la fenêtre;
Sur les chenets trapus jetez des troncs de hêtre.
Que les pommes de pin pétillent au milieu;
Jetez-en plus encore, allumez un grand feu!

Hélas! le feu béni, la parure et la joie
De l'hiver, le brasier rougeâtre qui flamboie

Et nous fait croire encore à la chaude saison,
Plus d'un ne le voit pas luire dans sa maison !
Durant les mois glacés, dans plus d'un âtre vide
La neige seule vient joncher la pierre humide,
Et parmi ces foyers sans flamme, au premier rang
Est le foyer désert de Roch le tisserand.

Roch travaille, Sylvine est absente, et la mère
Est malade. La cave est comme une glacière.
L'âpre vent de la nuit, par le châssis mal clos
Pénètre avec un bruit pareil à des sanglots,
Et Roch, pour réchauffer ses membres qui frissonnent,
S'acharne à son métier, et les leviers résonnent,
Et la navette vole. — Un coup faible et discret
Soudain pousse la porte, et Lazare paraît.
Il s'arrête, il hésite et, plein d'incertitude,
Se tait. « Que voulez-vous ? » dit Roch d'une voix rude.
Et le jeune homme alors, maîtrisant son émoi,
Au maître tisserand répond : « Pardonnez-moi,
Si ma parole tremble et se fait mal entendre,
C'est que d'un mot de vous mon repos va dépendre ;
Le bonheur de ma vie est tout entier ici.
Je me nomme Lazare Engilbert de Paulmy ;
Mon père est mort, je vis comme vous solitaire,
Et pauvre comme vous. Un jour, au cimetière,
J'ai rencontré Sylvine, et sa fière douleur
Et sa chaste beauté, m'ont pénétré le cœur...
Je l'aime... je voudrais lui découvrir mon âme
Et lui dire : Soyez ma sœur, soyez ma femme.

Je l'aime !... Maître Roch, répondez, voulez-vous
Que je sois votre fils, que je sois son époux ? »
Le tisserand se lève et fait d'un pas rapide
Deux ou trois fois le tour de sa demeure humide.
Il regarde Lazare, il est comme ébloui,
Et pendant un moment son front épanoui
Est radieux d'orgueil, de surprise et de joie...
Mais ce n'est qu'un éclair, un rayon qui se noie
Dans la brume. « Oubliez, dit-il, ces rêves fous !...
Vous êtes malheureux et pauvre comme nous !...
Mais ce n'est pas assez d'une même détresse
Pour que toute barrière entre nous disparaisse.
Jour et nuit, comme nous, travaillez-vous aussi ?
Non !... Eh bien ! en ce cas, je refuse, merci !
Nous avons comme vous notre orgueil et nous sommes
Remplis de préjugés comme des gentilshommes.
Au bouvreuil le gerfaut ne s'accouple jamais,
Il plane solitaire au milieu des forêts.
Oubliez tout ainsi que l'on oublie un rêve
Au lever du soleil !... » Et tandis qu'il achève,
Sylvine, pâle et grave, apparaît sur le seuil.
Son visage, entouré de sa coiffe de deuil,
Est comme un blanc lotus ouvrant sa fleur nocturne
Sur les dormantes eaux de l'étang taciturne.
Le jeune homme tressaille à sa vue, et leurs yeux
Se rencontrent ; — tous deux, tristes, silencieux,
Échangent un regard, — puis, en courbant la tête,
Lazare sort et fuit à travers la tempête.

V

Comme un cerf qu'on relance au fond de la forêt,
Lazare dans le vent et dans l'ombre courait.
Il avait dépassé les faubourgs, et la plaine
Brumeuse s'étendait devant lui. — Hors d'haleine,
La tête en feu, l'esprit troublé comme le cœur
Il allait au hasard, chassé par la douleur,
Et dans la nuit parfois, quand ses jambes lassées
Fléchissaient, s'il voulait s'arrêter, ses pensées,
Pareilles à la meute au son des cors vainqueurs,
Dans son sein tourmenté commençaient leurs clameurs.
Il traversa les prés, il gagna la lisière
D'un grand bois, et tandis qu'au loin, dans la clairière,
Les loups hurlaient la faim, il s'arrêta brisé
Et se laissa tomber au rebord d'un fossé.
Alors il entendit la meute des pensées
Recommencer en lui ses clameurs courroucées.
Les lamentations redoublaient. — Cette fois,
Le front dans ses deux mains, il écouta leurs voix :
« Hélas ! qu'est devenu ton amour ? disaient-elles ;
Hier, comme un doux nid de jeunes tourterelles
Qui gazouillent au haut d'un chêne verdissant,
Il chantait, et voilà que l'orage puissant
A renversé dans l'herbe et le nid et le chêne...
Et ton orgueil ? Du fond de ton âme hautaine

Il jaillissait bruyant, superbe, impétueux,
Comme un torrent grossi par les vents orageux...
Tu croyais qu'au seul bruit de ton nom de famille
Ce père dans tes bras allait jeter sa fille ;
O honte ! il te refuse et t'estime trop bas :
Tu n'es pas de son rang, — tu ne travailles pas !
Le travail !... Comprends-tu maintenant les mystères,
Les vertus de ce mot aux syllabes austères?
Comprends-tu qu'il n'est rien de plus grand qu'un devoir,
Et que l'oisiveté seule nous fait déchoir?
Tes pères ont gagné leur nom avec l'épée;
La terre avait besoin alors d'être trempée
D'une sueur de sang, et c'était travailler,
Dans cet âge de fer, que de bien batailler.
Leur épée aujourd'hui par la rouille est ternie.
Prends un outil ! — Pour vaincre au combat de la vie,
L'homme n'est plus forcé de répandre le sang,
Et le plus humble outil vaut l'épée à présent.
L'action guérira ton cœur blessé qui pleure.
Debout ! prends un outil... Tu n'étais tout à l'heure
Qu'un fragile roseau par les vents agité;
A partir d'aujourd'hui, sois une volonté. »

Assis au pied d'un hêtre, ainsi pendant des heures
Il écouta monter ces voix intérieures.
Un temple de mensonge en son esprit croula.
Il lui sembla qu'un monde inconnu jusque-là
Ouvrait devant ses yeux de longues perspectives.
— La nuit se dissipait, les ombres fugitives

S'envolèrent, et l'aube à l'orient blanchit.
Dans un clocher lointain l'*Angelus* retentit.
O clairs sons, précurseurs de l'aurore vermeille,
A vos chants argentins la terre se réveille.
Aube du jour, tu rends les chansons à l'oiseau,
Le sourire à l'enfant couché dans son berceau ;
Salut, aube du jour ! ta clarté, comme un phare,
Vers un monde nouveau va diriger Lazare.

Comme il s'en revenait, il entendit des voix
Chanter dans le chemin qui conduit au grand bois.
C'étaient des bûcherons qui partaient. A leur tête
Marchait Jean le flûteur, et leur fier chant de fête,
Soutenu par la flûte aux notes de cristal,
S'envolait emporté par le vent matinal :

« Voici les bûcherons, les francs coupeurs de chênes.
Par la neige ou la pluie, ils font leur dur métier ;
Dès que le jour commence, en route ! Le gibier
Ne rôde pas plus qu'eux dans les forêts lointaines ;
Leurs jarrets sont de fer, leurs muscles sont d'acier.
Voici les bûcherons, les francs coupeurs de chênes.

« L'arbre, dans le taillis comme un géant campé,
Au-dessus du chemin dressait sa grande taille ;
Son tronc large et noueux semblait une muraille...
Dans l'herbe le voilà gisant... Qui l'a frappé ?
Ce sont les bûcherons, ils ont comme une paille
Brisé l'arbre géant dans le taillis campé.

« Qui nourrit de charbon la fournaise béante,
Où l'on coule la fonte, où l'on forge le fer?
Qui fournit leurs grands mâts aux vaisseaux de la mer?
Qui donne à la maison sa porte et sa charpente?
Qui fait luire dans l'âtre un soleil en hiver,
Et nourrit de charbon la fournaise béante?

« Ce sont les bûcherons. — Leur bras n'est jamais las.
Parfois, quand la forêt, de brouillards imprégnée,
Fait silence l'hiver, le bruit d'une cognée
Ou d'un chêne qui roule et tombe avec fracas,
Retentit dans le fond d'une combe éloignée...
Ce sont les bûcherons, leur bras n'est jamais las.

« Honneur aux bûcherons, aux francs coupeurs de chênes!
Ils n'ont pas sitôt mis le pied hors du taillis,
Qu'ils se sentent le cœur pris du mal du pays.
Au bois est leur patrie, au bois sont leurs domaines;
Leurs fils y grandiront près des pères vieillis,
Les fils des bûcherons, des francs coupeurs de chênes! »

« Où vous en allez-vous? dit Lazare aux chanteurs.
Où vous en allez-vous, ô joyeux travailleurs?
— Au grand bois, répondit le plus vieux de la troupe,
Nous allons étrenner une nouvelle *coupe*...
— Voulez-vous m'accepter pour votre compagnon?
Dit Lazare Engilbert de Paulmy. — Pourquoi non?
Si vous savez planter la hache au cœur d'un hêtre,
Vous serez bien reçu. Venez parler au maître,

Ce soir, vers la nuit close, à la *Vente-du-Roi*.
—Eh bien ! s'écria-t-il, ce soir comptez sur moi ! »
. . . .

Le soir vint. Du départ l'horloge marqua l'heure.
Lazare en soupirant jeta sur sa demeure
Un suprême regard, et, saluant des yeux
Les vieux meubles fanés, les portraits des aïeux,
Il partit. Sur l'épaule il portait sa cognée,
Et sa main fièrement en pressait la poignée.
La rue était déjà ténébreuse, et le bruit
Des métiers haletants résonnait dans la nuit.
Il gagna le chemin de la *Samaritaine;*
Là, sous des marronniers, jaillit une fontaine ;
Les femmes du faubourg vont emplir vers le soir
Leurs seilles de sapin dans le clair réservoir.
Au-dessus de la source à grand bruit épanchée
Il vit dans la pénombre une forme penchée,
Et reconnut Sylvine. Il s'approcha soudain :
« Je pars, s'écria-t-il, donnez-moi votre main ;
Je m'en vais, l'âme triste, hélas ! mais résignée ;
Me voici bûcheron, regardez ma cognée...
Serez-vous libre encor lorsque je reviendrai?
—Je vous aime, dit-elle, et je vous attendrai... »
Elle voulait quitter la source au chant sonore,
Mais Lazare : « Oh restez ! parlez, parlez encore.
Les seuls biens que j'emporte avec moi sont les mots,
Les chastes mots d'amour sur vos lèvres éclos... »
— Sans l'ombre on eût pu voir la rougeur de Sylvine

Et les frémissements de sa jeune poitrine
Sous le corsage noir. — Le calme de la nuit
Aux aveux succéda, puis un faible et doux bruit...
Étaient-ce les soupirs de l'onde aux flots limpides,
Ou le susurrement de deux baisers rapides?...
Sylvine s'enfonça dans l'ombre lentement.

O charme de l'amour, ô pur enivrement!
Comme Lazare alors vers les bois prit sa course!
Il marchait d'un pas ferme, et la voix de la source
Semblait l'accompagner de son chant clair et frais.
Bien que la nuit fût noire et le brouillard épais,
Il croyait voir au ciel des étoiles sans nombre
Lui sourire à travers la forêt haute et sombre;
O pur enivrement, ô charme de l'amour!...
Et la nuit s'avançait, et dans le carrefour
De la *Vente-du-Roi*, de grands feux de bruyères
Projetaient leurs clartés rouges sur les clairières.
Les bûcherons, assis tout autour du brasier,
Pour le nouveau venu, chantaient à plein gosier
Ce refrain qui vibrait dans les combes lointaines :
« Voici les bûcherons, les francs coupeurs de chênes! »

VI

Lazare est dans les bois, et du matin au soir
Sa hache, sans répit, fait son rude devoir.
Cette nouvelle vie a d'austères prémices;
La cognée a d'abord meurtri ses mains novices,
Rompu ses bras, courbé ses reins... Sa volonté
A puisé dans l'amour un courage indompté,
L'amour a fait courir un sang frais dans ses veines.
Le voilà maintenant qui coupe les vieux chênes
Aussi facilement que des brins de genêt.
Il aime son métier, — il aime la forêt...
La forêt, qui revêt les monts de sa ceinture
Et berce dans le vent ses masses de verdure,
C'est notre mer à nous, Lorrains et Bourguignons,
Gens des pays de l'est et du nord. — Les Bretons
Ont l'Océan terrible, immense, aux eaux fécondes;
Nous avons les forêts sonores et profondes.
Quand loin du sol natal nous errons vers le soir,
Souvent à l'horizon nous croyons les revoir.
La nuit, dans l'ouragan qui siffle et se lamente,
Nous croyons distinguer votre voix mugissante,
O bois de mon pays ! — Ainsi qu'au fond des mers,
Parmi les profondeurs de vos abimes verts
Une vie incessante éclôt; des milliers d'êtres,
Un monde merveilleux sous la voûte des hêtres

Pullule, et ses amours, ses chants, ses floraisons,
Tour à tour prennent place au cercle des saisons.
En mars, quand le soleil lance ses jeunes flèches,
Tout un peuple de fleurs perce les feuilles sèches :
Dans l'onde des ruisseaux tremblent les boutons d'or,
Les narcisses rêveurs se penchent sur le bord,
Et les taillis sont pleins de jaunes primevères.
Avril, avril commence! Un bruit d'ailes légères
Frémit dans les rameaux des arbres reverdis.
Voici les doux chanteurs des bois, voici les nids!
Et muguets de fleurir à côté des pervenches,
Et concerts printaniers d'éclater dans les branches.
« Gué! gué! soyons joyeux! dit le merle. — Aimons-nous!
Chante le rossignol. — Hâtez-vous! hâtez-vous! »
Répète le coucou d'un ton mélancolique...
Le printemps fuit, et juin, comme un roi magnifique,
Vêtu de pourpre et d'or, apparaît dans les champs.
Les herbes des fourrés jaunissent, et les chants
S'apaisent; dans le fond des combes retirées
Au clair de lune, on voit les biches altérées
Venir avec leurs faons tondre les jeunes brins
Imbibés de rosée. — Aux marges des chemins
Les fraises ont rougi, les framboises sont mûres;
Parmi les merisiers aux mobiles ramures,
Les loriots gourmands sifflent à plein gosier;
Leur cri mélodieux clôt le chœur printanier.
La fleur fait place au fruit, l'été place à l'automne.
Salut, maturité, saison puissante et bonne!
Saison où la forêt tient ce qu'elle a promis

Et fait pleuvoir du haut de ses rameaux jaunis
Des trésors à foison ! — Les noisettes sont pleines,
Et l'on entend tomber les glands mûrs et les faines;
Mais le taillis s'effeuille, et parmi les buissons
Le rouge-gorge errant dit ses courtes chansons.
Voici l'hiver venu. La neige sur les branches
En silence répand ses touffes de fleurs blanches;
D'un sommeil éternel les bois semblent dormir,
Et les germes féconds des printemps à venir
Fermentent sourdement sous l'épais nid de neige. —
Lazare vit deux fois le rapide cortège
Des changeantes saisons défiler dans les bois.
Il poursuivait sa tâche, et les jours et les mois
S'enfuyaient... Au courant de cette vie active,
Comme une terre aride au contact d'une eau vive,
L'héritier des Paulmy se métamorphosait.
Ce n'était plus l'enfant timide qui n'osait
Sortir de sa misère et de sa somnolence,
Le cœur qu'un préjugé de caste et de naissance
Retenait indécis : — c'était un esprit fier,
Énergique et vaillant; sa volonté de fer
Ceignait son cœur ainsi qu'une cotte de mailles,
Et comme ses aïeux au milieu des batailles,
Pour devise il avait ce noble mot : « Vouloir ! »
Il n'avait pas revu Sylvine; mais le soir
Ses rêves amoureux s'envolaient vers la ville,
Et l'absence doublait sa tendresse virile,
Comme la nuit accroît le parfum d'une fleur.
Parfois dans la forêt venait Jean le flûteur,

Et tous les bûcherons le fêtaient au passage,
Car sa flûte semblait leur donner du courage ;
Mais Jean, triste et muet, se tenant à l'écart,
Sur Lazare sans cesse attachait son regard,
Et lorsque ce dernier l'interrogeait, sa bouche
Restait close ; au silence il s'éloignait, farouche.

Les jours, les mois fuyaient... Lazare d'un chantier
Était devenu maître, et denier par denier
Son trésor amassé s'arrondissait dans l'ombre.
Or un doux soir de mai, dans la clairière sombre
Les bûcherons en cercle achevaient leur repas,
Lorsque dans le taillis un léger bruit de pas
Résonna tout à coup. Les feuillages frémirent...
« Qui va là ? » demanda Lazare. Ils entendirent
Une tremblante voix répondre : « Jean Caillou ! »
Et Jean vers le jeune homme accourut comme un fou.
« Là-bas, dans le faubourg, dit-il, on vous appelle...
— Sylvine ? s'écria Lazare. — Oui, c'est elle ;
Ne perdons pas de temps, reprit Jean, hâtons-nous !
Venez vite et prenez votre bourse avec vous.
— Partons ! » Et dans la nuit, à travers les cépées,
Les taillis frissonnants, les gorges escarpées,
Les longs chemins couverts, les douteux carrefours,
Ils gagnèrent la plaine et les sombres faubourgs.

VII

Les faubourgs par la Faim aux mamelles arides
Sont hantés. Les métiers restent muets et vides
Et la fabrique oisive a clos ses ateliers.
Le coton qui faisait manœuvrer les leviers
Et courir la navette et gémir l'engrenage,
Qui nourrissait la ville et le prochain village
Comme l'huile nourrit la lampe, le coton
Manque à la filature, et dans chaque maison,
Sur chaque seuil, on voit la misère installée.
Dans ces corps de logis à mine désolée,
Pénétrez en suivant l'allée aux murs verdis;
Entrez, si vous l'osez, dans ces mornes taudis;
Partout même détresse et partout même scène :
Une chambre sans air, trop étroite et malsaine,
Des enfants demi-nus luttant contre la mort,
Et la mère auprès d'eux accroupie et qui tord
Ses bras maigres, la mère ulcérée et farouche,
La haine dans le cœur, le blasphème à la bouche;
Le père enfin rentrant au soir, la tête en feu,
Sans courage et sans pain, sans espoir et sans Dieu.

Mais dans ces jours mauvais et parmi ces victimes,
S'il est des cœurs troublés, il en est de sublimes,
Le vieux Roch entre tous!... Épiez-le ce soir,
Près de sa femme en pleurs vous le verrez s'asseoir,

Sombre et découragé, mais fier et digne encore.
Le jour tombe. — Ils sont seuls. — Jean Caillou dès l'aurore
D'un air mystérieux a quitté la maison ;
Sylvine est à la ville et cherche du coton
De fabrique en fabrique. — Ils sont seuls. — Leurs visages
Où les privations ont laissé leurs sillages,
S'empourprent aux rayons d'un clair soleil couchant,
Et Roch, à la lueur de l'astre déclinant,
Contemple tristement sa compagne de peine.
Voilà trente ans qu'ensemble ils supportent la chaîne
Des misères sans fin et des labeurs ingrats,
Et tandis que les ans affaiblissent leurs bras,
Cette chaîne, toujours plus dure et plus pesante,
Charge plus rudement leur vieillesse croissante...
Pour la première fois, Roch tremble et sent la peur
Tomber comme une nuit lugubre sur son cœur.
Sylvine cependant rentre pensive et triste.
Dans chacun de ses yeux, aux reflets d'améthyste,
Une larme limpide étincelle, et ces mots
Jaillissent de sa bouche au milieu des sanglots :
« Point d'ouvrage ! Partout des refus ! nul remède !
Et Dieu seul maintenant peut nous venir en aide. »
Le vieux Roch atterré jette un navrant regard
Sur son métier qui dort inutile à l'écart ;
Amère est sa douleur, elle éclate, il s'écrie :
« Bienheureux sont les morts ! leur souffrance est finie.
La nuit du cimetière est plus douce à leurs corps
Que le jour des vivants. Bienheureux sont les morts ! »
Et la mère au milieu de ses larmes murmure :

« Pourtant si l'on osait... Au monde, j'en suis sûre,
Il est des cœurs humains que nos maux toucheraient ;
Si nous parlions, il est des mains qui s'ouvriraient... »
L'austère tisserand tressaille et se relève :
« Mendier ? Ah ! dit-il, ce dernier coup m'achève.
Mendier ! Pourquoi pas voler ? Mieux vaut mourir !
Puisque notre métier ne peut plus nous nourrir,
Nous n'avons rien à faire ici-bas... L'araignée,
Quand son fil est à bout, tombe et meurt résignée.
Mourons ! » Mais en voyant leurs larmes redoubler :
« Ah ! mes pauvres enfants, je vous ai fait pleurer.
Je suis impitoyable et mon orgueil m'égare ! »
Soudain la porte s'ouvre, et voici que Lazare,
Avec Jean le flûteur, s'avance lentement.
Roch s'arrête, il hésite, et, plein d'étonnement :
« Que voulez-vous ? » dit-il d'une voix accablée.
Et le jeune homme alors lui tend sa main hâlée :
« Voyez, ô Roch, ma main n'est plus blanche à présent ;
Le travail dans les bois, la froidure et le vent
L'ont brunie. Aujourd'hui qu'elle est rude et calleuse,
La refuserez-vous encore, âme orgueilleuse ? »
Un silence profond se fait après ces mots.
Tout à coup maître Roch, éclatant en sanglots,
Attire dans ses bras et Lazare et Sylvine,
Et, les tenant tous deux pressés sur sa poitrine,
Les couvre de baisers...

     Dans l'ombre, le flûteur,
Le front dans ses deux mains, contemple leur bonheur.

VIII

Un mois a fui. Les cœurs ont repris du courage,
Lazare dans les bois a fini son ouvrage,
Et pour les tisserands de meilleurs jours sont nés.
— De son pauvre logis aux murs abandonnés,
Le dernier des Paulmy, ce soir, avec Sylvine
Est sorti. Le jour baisse. Une cloche argentine
Soupire lentement... Et c'est demain matin
Le jour tant désiré! Les bûcherons, demain,
Vers la modeste église à la flèche élancée,
Escorteront le maître avec sa fiancée...
Le crépuscule tombe, et les deux jeunes gens,
Loin du bruyant faubourg, s'en vont à travers champs.
Ils longent les blés verts et les vergers plus sombres.
Au milieu des épis, tantôt comme deux ombres
Ils passent, et tantôt emmi les néfliers
Ils s'enfoncent tous deux. Parfois, dans les sentiers
Rapides et glissants, Sylvine, moins timide,
S'appuie en tressaillant sur le bras de son guide.
La lune en ce moment se lève, et ses clartés
Couvrent les chemins creux de réseaux argentés,
Et Lazare s'assied auprès de son amie
Sur un banc, d'où l'on voit la vallée endormie
Et la ville aux lueurs éparses, tout au fond.
Les discours commencés qu'un soupir interrompt,

Et les tendres aveux alternent sur leurs lèvres :
Lazare dit ses nuits d'insomnie et de fièvres,
Ses courses dans les bois, et Sylvine, à son tour,
Comment son cœur si fier s'est ouvert à l'amour.
Aux regards éblouis du jeune homme elle étale
Chaque feuille suave et chaque blanc pétale
De la pudique fleur de son âme... Et parfois,
Confuse, elle s'arrête et demeure sans voix.
— Ainsi, pendant les nuits de mai tièdes et pures,
Lorsque le rossignol chante dans les ramures,
Si quelque jeune pâtre, en suivant son chemin,
S'approche du buisson, l'oiseau se tait soudain;
Puis, les pas s'éloignant, la chanson recommence. —
Mais dans leurs entretiens, comme dans leur silence,
On sent vibrer l'amour, car l'amour renaissant
Anime tout ce soir de son souffle puissant.
Il est dans l'air, il est dans le sol, il imprègne
Les masses de verdure et les grands blés que baigne
La lune de ses flots calmes et lumineux.
On dirait que le ciel, de la terre amoureux,
Près de sa fiancée au voile diaphane
Va descendre joyeux, comme autrefois Diane
Vers son Endymion se glissait à la nuit.
C'est l'heure de l'amour Tout tressaille et tout luit,
Et la terre, déjà prête pour l'hyménée,
Attend silencieuse, émue, illuminée...
L'herbe des prés mûris ondule, et son odeur
Au parfum des tilleuls et des vignes en fleur
S'unit... Mais dans la nuit azurée et sereine,

Du sein des pampres verts une plainte soudaine
S'exhale, — un long sanglot déchirant. — Et c'est toi,
Malheureux Jean Caillou ! — Pauvre flûteur, pourquoi
En secret cette nuit as-tu suivi Sylvine?
Maintenant les sanglots déchirent ta poitrine,
Et l'âpre jalousie, ainsi qu'un fier vautour,
Te dévore, ô martyr de l'impossible amour !

LE BLEU ET LE NOIR

AU LECTEUR

Mon livre est comme un ciel peu sûr
Où les brumes au vent bercées
Laissent, par d'étroites percées,
Entrevoir de doux coins d'azur.

Désirs, regrets de l'âge mûr,
Rêves bleus et noires pensées
Croisent leurs ailes nuancées
Dans ce mobile clair-obscur.

Parfois, comme une brève aurore,
Un souvenir d'amour colore
Le ciel nuageux et profond ;

Un moment, — ô féerie ! ô charmes ! —
Tout s'éclaire... Puis tout se fond
En un brusque orage de larmes.

INTÉRIEURS ET PAYSAGES

La Grand'tante.

A André Lemoyne.

Dans le calme logis qu'habite la grand'tante
Tout rappelle les jours défunts de l'ancien temps.
La cour au puits sonore et la vieille servante,
Et les miroirs ternis qui datent de cent ans.

Le salon a gardé ses tentures de Flandre,
Où nymphes et bergers dansent au fond des bois ;
Aux heures du soleil couchant, on croit surprendre
Dans leurs yeux un éclair de l'amour d'autrefois.

Du coin sombre où sommeille une antique épinette,
Parfois un long soupir monte et fuit au hasard,
Comme un écho des jours où, pimpante et jeunette,
La grand'tante y jouait Rameau, Gluck et Mozart.

Un meuble en bois de rose est au fond de la chambre,
Ses tiroirs odorants cachent plus d'un trésor :
Bonbonnières, flacons, sachets d'iris et d'ambre,
D'où le souffle d'un siècle éteint s'exhale encor.

Un livre est seul parmi ces reliques fanées,
Et sous le papier mince et noirci d'un feuillet,
Une fleur sèche y dort depuis soixante années :
Le livre, c'est *Zaïre*, et la fleur, un œillet.

L'été, près de la vitre, avec le vieux volume,
La grand'tante se fait rouler dans son fauteuil...
Est-ce le clair soleil ou l'air chaud qui rallume
La couleur de sa joue et l'éclat de son œil ?

Elle penche son front jauni comme un ivoire
Vers l'œillet, qu'elle a peur de briser dans ses doigts :
Un souvenir d'amour chante dans sa mémoire,
Tandis que les pinsons gazouillent sur les toits.

Elle songe au matin où la fleur fut posée
Dans le vieux livre noir par la main d'un ami,
Et ses pleurs vont mouiller ainsi qu'une rosée
La page où soixante ans l'œillet rouge a dormi.

Une Nuit de Printemps.

I

Paris s'endort. — Les nuées
Par un vent frais remuées
S'éparpillent dans les airs;
Sous leur brume pâle et fine
La lune en manteau d'hermine
Plane sur les quais déserts.

Là-bas, comme une âme en peine,
Une créature humaine,
Bras nus, les cheveux au vent,
Passe morne et désolée...
Là-bas, dans la contre-allée,
Près d'un grand mur de couvent.

Un jet de gaz l'illumine :
Sa tête est presque enfantine,
Mais à la molle rondeur
Des seins gonflés sous la bure,
On devine qu'elle est mûre
Pour l'amour — et la douleur.

Les mains sur son sein pressées,
Les paupières abaissées
Sur des pleurs lents à jaillir,
Debout, au bord de la route,
En elle-même elle écoute
Quelque chose tressaillir.

O mystère! quelque chose
Qui palpite, vie éclose
Dans l'être déjà vivant...
Ses mains ont dans ses entrailles,
Comme le grain des semailles,
Senti germer un enfant...

Paris dort, — et dans les arbres,
Dans la mousse des vieux marbres
Et les jasmins des balcons,
On entend frémir la sève ;
Mai, sur la ville qui rêve,
Répand ses charmes féconds.

Dans la nuit tiède et clémente
Où tout fleuronne et fermente,
Un cri d'angoisse est monté.
Là-bas, sous la sombre allée,
Une pauvre désolée
Te maudit, fécondité !

O moment béni des mères,
Minutes douces et claires
Où l'incertitude a fui ;
Heure où la jeune épousée,
La main sur son flanc posée,
Tressaille et se dit : « C'est lui ! »

Heure limpide et sereine,
Ta voix dans cette âme en peine
N'éveille que le remord.
Cheveux au vent, tête nue,
Elle accueille ta venue
Avec un salut de mort...

II

Le rossignol chante. — O tristesse,
Amertume du souvenir,
Quand l'amour dans la brume épaisse
Plonge pour ne plus revenir !...

Elle écoute et son cœur palpite...
Les sons dans les arbres du quai
Montent; le passé ressuscite,
Par ce chant nocturne évoqué.

Elle voit les vergers pleins d'herbe
Et l'ombre des pommiers en fleur
Où l'amoureux, le front superbe,
L'entraînait d'un geste vainqueur.

Étreintes, lèvres confondues,
Baisers longuement savourés,
Soupirs mêlés aux voix aiguës
Des grillons aux berges des prés ;

Tout lui revient à la mémoire,
Tout, jusqu'à la chanson d'amour
Que l'amant, fier de sa victoire,
Fredonnait gaiement au retour.

Hélas! au long du quai sonore,
Tandis qu'elle erre à l'abandon,
A qui la redit-il encore,
La folle et trompeuse chanson?

Mène-t-il une autre amoureuse
Sous les ramures des halliers,
Tandis qu'elle descend, peureuse,
Les degrés des noirs escaliers?...

Elle arrive à la pente obscure
Où brusquement le mur finit...
Voici la Seine qui murmure
Entre ses talus de granit.

Les feux rougeâtres des lanternes,
Par un souffle tiède agités,
Sur les eaux profondes et ternes
Croisent leurs tremblantes clartés;

Dans la rivière illuminée
On dirait les reflets joyeux
D'une fête étrange donnée
Par des hôtes mystérieux...

Le rossignol chante, — et plaintive
L'onde roule et frémit tout bas...
La pauvre fille sent l'eau vive
Baigner tendrement ses pieds las.

L'oiseau dit les amours menteuses
Et le bonheur enseveli ;
Les flots avec leurs voix berceuses
Parlent de sommeil et d'oubli.

Oh ! l'oubli, la fin de l'épreuve,
Et, sur un lit de frais cailloux,
Dans les molles herbes du fleuve,
Un sommeil éternel et doux !

Au bruit d'une chute soudaine
Un sourd jaillissement répond,
Et l'onde, qui bouillonne, entraîne
Un corps sous les arches du pont.

Neiges d'antan.

A Jules Levallois.

La maison dort non loin du quai bordé de mâts.
Son étroite façade aux fenêtres gothiques
Découpe sur un ciel tout chargé de frimas
Les gradins dentelés de son pignon de briques.

Le logis est bien clos. Dans l'ombre du parloir,
Deux vieillards, deux époux, sont assis devant l'âtre;
Et, perdus à demi dans un doux nonchaloir,
Ils rêvent aux lueurs de la braise bleuâtre.

Autour d'eux est rangé l'antique mobilier :
Rideaux fanés, miroirs ternis, dressoirs de chêne.
Dans cet encadrement sévère et familier,
Leur vieillesse apparaît lumineuse et sereine.

Le vent souffle, la neige au murmure léger
Palpite comme une aile à la vitre sonore...
Les époux, en voyant les flocons voltiger,
Sentent dans leur mémoire un souvenir éclore ;

Un souvenir d'amour et de jeunesse en fleur...
« Femme, dit le vieillard avec un clair sourire,
Ainsi neigeait le ciel quand je t'ouvris mon cœur... »
Et l'épouse, levant son front ridé, soupire :

« Je m'en souviens toujours... Je revois le chemin,
Je crois entendre encor siffler parmi les branches
La bise de janvier qui bleuissait ta main,
Et sur tes cheveux noirs semait des taches blanches.

— Moi, je te vois encor glisser sur le verglas.
Rude était le sentier du bourg jusqu'à la ferme,
Déjà tu semblais lasse, et je t'offris mon bras ;
Mais mon cœur tremblait fort, si mon bras était ferme !

« Serrés l'un contre l'autre, émus, silencieux,
Nous marchions ; j'admirais au travers de la neige
La rougeur de ta joue et l'azur de tes yeux,
Et je songeais tout bas : Par où commencerai-je ?...

— Moi, je pensais : Voyons s'il me devinera...
Et je baissais mon front pour t'empêcher d'y lire.
Pourtant, lorsqu'à nos yeux la ferme se montra,
Nous nous étions compris sans presque rien nous dire. »

Et le vieillard sourit de nouveau : « Nos amours
Ont vécu cinquante ans ; les printemps dans leur gloire
Et les étés féconds sont passés, et toujours
Ce souvenir d'hiver chante dans ma mémoire.

— O cher homme, sur nous la vieillesse a neigé,
L'âge nous a blanchis, comme autrefois le givre
Mais la robuste fleur de l'amour partagé
Embaume les instants qui nous restent à vivre.

« Nous marcherons tous deux jusqu'au bout du chemin,
Et quand nous atteindrons la cime solennelle,
Puissions-nous, côte à côte et la main dans la main,
Descendre ensemble encor dans la paix éternelle !... »

L'aube heureuse des jours anciens semble flotter
Sur les deux vieux époux replongés dans leur rêve.
Perçant la nue épaisse et comme pour fêter
Leurs noces d'or, un pâle et doux soleil se lève.

Un pâle et doux soleil argente leurs cheveux,
Et le vent qui s'engouffre au fond des cheminées,
Le rude vent d'hiver, s'attendrissant pour eux,
Murmure les chansons de leurs jeunes années.

Veillée d'automne.

Une lampe de nuit, tremblante, éclaire à peine
La chambre des époux et le grand lit de chêne
Où, seul, le vieux mari dort d'un sommeil pesant.
La jeune femme veille, et la lune, en glissant,
Pâle, sous les brouillards légers d'un ciel d'octobre,
Indique vaguement la forme svelte et sobre
De son corps délicat penché sur le balcon.
Pensive et les regards tournés vers l'horizon,
Elle veille; un frisson d'amertume et de fièvre
De son sein palpitant monte jusqu'à sa lèvre,
Et sous leurs cils épais ses beaux yeux bleus mouillés
Scintillent. — Au dehors, dans les tilleuls rouillés
De l'allée où sanglote un jet d'eau monotone,
Dans le parc imprégné des senteurs de l'automne,
Le vent pluvieux dit les funèbres chansons
Des printemps disparus et des mornes saisons;
Mais plus funèbre encore est le chant de détresse
Qu'en son cœur tourmenté l'épouse entend sans cesse :

« L'homme et ses lois, le prêtre et son rite banal
En vain à ce vieillard ont enchaîné ta vie,
La nature n'a point béni le joug brutal
Qui pèse lourdement sur ton âme asservie.

« Pauvre femme ! les fleurs des chemins ont pleuré
Quand l'époux t'emportait, joyeux, dans son carrosse,
Et les étoiles d'or au fond du ciel navré
Ont pâli de douleur pendant ta nuit de noce.

« Les joyaux ruisselants et les bals aux doux bruits
Ont un instant leurré ta jeunesse distraite ;
Mais tu sais maintenant de quelles tristes nuits
Et de quels jours amers ta destinée est faite.

« Les rapides printemps et les hivers sans fin
S'amasseront, pareils à la neige qui tombe ;
Tu resteras liée à ce vieillard chagrin,
Tes fers ne s'useront qu'aux pierres d'une tombe.

« Les ans fuiront dans l'ombre, ainsi qu'à l'horizon
Se perd un vol confus de cygnes en voyage,
Et toujours tu seras murée en ta prison,
Sans enfants, sans amour, sans but et sans courage ! »

Toujours !... Les sons cruels de ce terrible mot
S'échappent de sa lèvre avec un long sanglot,
Et son cri désolé monte vers les cieux calmes...
Les saules du jardin bercent comme des palmes,

Lentement, mollement, leurs rameaux encor verts,
Et les fleurs des soleils expirants, les asters,
Les chrysanthèmes d'or, les passe-roses frêles
Se penchent comme pour se répéter entre elles
Le mot désespéré qui passe dans la nuit ;
Et puis tout se rendort, et seul, le faible bruit
Du jet d'eau retombant dans sa vasque rustique
Murmure au loin comme une amoureuse musique.
La nature a gardé, même au jour du déclin,
Sa suprême harmonie et son rythme divin ;
Une pâle vapeur flotte sur l'avenue,
Et la lune, à travers les blancheurs de la nue,
Brille comme un signal tendre et mystérieux ;
Un doux flambeau d'amour semble éclairer les cieux.

L'amour !... Ton sein tressaille à cette seule idée,
Blonde épouse, et ton âme en est tout obsédée...

Elle écoute, songeuse, et le vent dans les bois
Semble l'écho lointain des orageuses voix
Qui gémissent au fond de son âme incertaine...
Le vieillard dort toujours dans le grand lit de chêne,
La lampe tremble encor sous son globe argenté,
Et l'épouse frissonne et sent sa volonté
Flotter comme la flamme au gré des brises folles.
Les pensers généreux et les chères idoles
Qui faisaient son orgueil ; — le loyal dévoûment,
Le douloureux devoir accompli fièrement,

Les serments à tenir et l'honneur à défendre,
Elle sent tout cela tomber et se répandre,
Comme à l'automne on voit les brouillards suspendus
Se dissoudre, et soudain sur les champs morfondus
Verser en longs ruisseaux leurs larmes glaciales...
Et le doute, pareil aux plaintives rafales
Qui tordent en passant les arbres des forêts,
Le doute, de son cœur, arrache les regrets,
Les résolutions héroïques et fortes,
Et les disperse au loin comme des feuilles mortes.

En Bretagne.

L'ALLÉE DE PLOA-RÉ.

De l'église jusqu'au calvaire
Un chemin sinueux conduit,
Des arbres à mine sévère
En ombragent le long circuit :

Chênes robustes qu'on ébranche,
Noirs châtaigniers au front chagrin,
Trembles gris dont la pâleur tranche
Sur un ciel d'un bleu tendre et fin.

Les trembles ont subi l'atteinte
De l'âpre souffle de la mer,
Et leur léger feuillage teinte
De ses tons blancs le gazon vert.

Sur les champs plus calmes, l'automne
Met déjà sa couronne d'or,
Et son approche lente donne
Aux choses plus de charme encor.

Les glands mûrs que sèment les chênes
Sur l'herbe tombent mollement,
Dans l'air pur les cloches lointaines
Répandent plus d'apaisement.

Des génisses blanches et rousses
Contre la croix frottent leur cou,
Un pâtre mêle à leurs voix douces
Les sons grêles du biniou.

Le jour meurt dans l'oblique allée,
Et la pénétrante senteur
Par ce soir d'automne exhalée
Me met de l'amour plein le cœur.

II

LES PAYSANS.

Vêtus de la veste et des braies,
   Coiffés du grand feutre breton,
Ils défilent au bord des haies,
Les jours de foire ou de pardon.
Mentons ras, longues chevelures,
Maigres et le regard pensif,
Ils vont, — et l'on songe aux figures
Naïves de l'art primitif.

L'étranger craint leurs airs sauvages.
Pour l'éloigner de leurs chemins,
Hommes des terres, gens des plages,
Clercs, laïcs se donnent les mains.
Ainsi leurs bœufs parmi la lande
Mettent en cercle leurs fronts roux,
La nuit, pour menacer la bande
Affamée et fauve des loups.

L'étranger, c'est le trouble-joie;
Dès qu'il entre dans le courtil,
L'enfant s'enfuit, le chien abole,
Tout le logis semble en péril...
Mais les hommes des Cornouailles,
Pour chasser l'hôte redouté,
Dressent contre lui deux murailles :
— Leur langage et leur pauvreté.

Sur les routes, quand ma pensée
A leurs rêves veut se mêler,
Elle s'en revient repoussée
Sans pitié par leur dur parler.
Leur âme est comme un sanctuaire
Au pied des grands dolmens couché;
Le flambeau muet qui l'éclaire
A tout œil profane est caché.

Rude est l'accueil, âpre est la bouche,
Mais les cœurs ne sont pas méchants.
Ce peuple, avec son air farouche,
Est pareil aux ajoncs des champs :
Si la tige est pleine d'épines,
La grâce imprègne les fleurs d'or;
Sous vos haillons et vos ruines,
Bretons, l'idéal chante encor.

Aussi je t'aime, race forte !
Et je me dis en t'admirant :
« La Gaule entière n'est pas morte
Sous l'éperon vainqueur du Franc;
Dans ces jeunes gars aux corps sveltes,
Dans ces vieillards aux longs cheveux,
Bouillonne encor le sang des Celtes... »
— Et mon cœur s'élance vers eux.

III

LA LANDE SAINT-JEAN.

A Emmanuel Lansyer.

Le site est simple et grand : au fond, s'enfuit la lande,
Silencieuse et verte ; au bas, gronde la mer ;
Entre elles deux se dresse une âpre et longue bande
De rocs gris ; tout en haut, rit l'azur d'un ciel clair.

La lande a les fleurs d'or de l'ajonc pour parure,
Et pour hôtes les blocs épars des vieux men-hirs
Qui conservent dans l'herbe une fière posture,
Mystérieux gardiens des lointains souvenirs.

La mer au large étend ses eaux calmes et bleues
Où glissent, voile au vent, les barques des pêcheurs
Elles passent et l'œil les suit pendant des lieues,
Jusqu'à l'horizon blanc tout noyé de vapeurs.

Dans l'air plane en criant une pâle mouette ;
Sur terre, seul, un pâtre apparaît au penchant
D'une crête, et l'on voit grandir sa silhouette,
Noire, sur la rougeur intense du couchant.

La lande solitaire et la mer infinie,
Les rocs gris et le ciel plein de sérénité,
S'accordent pour former l'austère symphonie
De la grandeur unie à la simplicité.

IV

DOUARNENEZ.

A Bertha Sandor.

Les blancs logis qui font la haie
Mirent leurs façades le soir
Dans les eaux vertes de la baie;
Là, les enfants viennent s'asseoir.

Pieds nus, montrant leur peau hâlée
Sous leurs haillons effiloqués,
Ils tiennent leur haute assemblée
Sur les noirs escaliers des quais.

On les voit en troupe serrée
S'épandre, grouillants, mal vêtus,
Et l'on se dit que la marée
A de singulières vertus...

Ils pullulent. Leur vie est douce :
Pas d'autre école que la mer;
Ici, jusqu'à ce qu'il soit mousse,
L'enfant n'a pas un jour amer.

Les aînés, aux têtes coiffées
Du béret, le coude au genou,
Tirent gravement des bouffées
Du fond de leurs pipes d'un sou.

Les petits, — blonds, mines charmantes, —
Ouvrent tout grands leurs beaux yeux bleus
Et lorgnent les pipes fumantes
Avec des regards amoureux.

Parfois la houleuse marmaille
Part d'un fou rire aux longs éclats,
Et de cris joyeux la muraille
Retentit du haut jusqu'en bas...

Cependant maint bateau de pêche
Lentement vers le port descend,
Et les avirons sur l'eau fraîche
Font un sillon phosphorescent.

L'ombre croît, la brise marine
Apporte des exhalaisons
De goëmon et de sardine ;
L'odeur forte emplit les maisons.

Et quand tout dort, plage et campagne,
On entend encor dans la nuit
Les rires d'enfants qu'accompagne
La mer de son éternel bruit.

V

LE PARDON DE KER-LAZ.

A Jules Breton.

A travers les ormeaux, un ciel de couleur grise
Éclairait finement la pelouse et l'église
Où l'office avec calme et ferveur s'achevait.
Les femmes au portail, les hommes au chevet,
Sur l'herbe agenouillés, égrenaient leurs rosaires,
Tandis que dans la nef les chantres aux voix claires
Psalmodiaient en chœur. Le parvis était plein.
Les gens de Plô-Nevez et ceux de Châteaulin
Étaient venus, parés de l'habit des dimanches.
Les femmes avaient mis leurs neuves coiffes blanches
Et les enfants dormaient, aux jupes accrochés.
Les mendiants aussi, sur leur bâton penchés,
Arrivaient à la file et d'un ton lamentable
Présentaient aux passants leur sébile d'érable;
Et sous l'épais abri des vieux chênes rêveurs
Le cidre et le vin frais attendaient les buveurs.
Soudain dans le clocher tout revêtu de mousse
La cloche lentement éleva sa voix douce,
Et chacun fut debout. Les bannières flottaient
En avant; chapeau bas, les hommes les suivaient;

Puis venaient deux tambours, vieilles têtes ridées.
Leurs longs cheveux tombant sur leurs vestes brodées,
Ils allaient, le front haut et le pas mesuré,
Et tous deux ils battaient avec l'air inspiré
Une marche à la fois héroïque et pieuse.
Derrière s'avançait, dans sa robe soyeuse,
La Vierge au lis doré, que portaient en tremblant
Deux filles aux yeux purs, au front voilé de blanc...
Ainsi coupant le ciel de sa ligne sévère,
L'humble procession montait vers le calvaire,
Et la cloche tintait au loin, et les tambours
Aux cantiques mêlaient leurs roulements plus sourds...
C'était religieux, agreste, simple et grand,
Beau de cette beauté naïve qui vous prend,
Vous serre et d'un coup d'aile à l'Idéal vous porte.
Comme un doux revenant, je sentis la Foi morte
Se lever dans mon cœur, et vers mes yeux soudain
Portant les doigts, je vis des larmes sur ma main.

VI

LE VALLON DE TRÉBOUL.

A deux pas de la mer qu'on entend bourdonner,
Je sais un coin perdu de la terre bretonne
Où j'aurais tant aimé, pendant les jours d'automne,
    Chère, à vous emmener.

Des chênes faisant cercle autour d'une fontaine,
Quelques hêtres épars, un vieux moulin désert,
Une source dont l'eau vive a le reflet vert
    De vos yeux de sirène;

Du silence, un air pur qu'on boit à pleins poumons,
Un horizon fermé par un champ de bruyère,
C'est tout; — la vie aurait tenu là tout entière
    Pour nous qui nous aimons.

La mésange au matin, sous la feuille jaunie,
Aurait chanté pour nous, et la mer nuit et jour
Aurait accompagné nos caresses d'amour
    De sa basse infinie.

Sur ce sol où toujours la légende aux fleurs d'or
Pousse un nouveau bouton qui jamais ne se fane;
Au bord de ces forêts où près de Viviane
  Merlin enchanté dort;

Le men-hir, l'alouette ouvrant ses jeunes ailes,
Le pâtre qui chemine en chantant un vieux lai
Du temps du roi Grâlon, tout nous aurait parlé
  Des choses éternelles.

« Aimez ! » eût dit l'eau vive avec ce bruit si doux
Qu'elle fait en tombant au creux de la fontaine;
« Aimez ! que votre amour soit fort comme le chêne
  Et vert comme le houx ! »

Les étoiles, témoins des soupirs de Genièvre,
Nous auraient dit : « Aimez ! » et l'écho de l'étang
Qui compta les baisers d'Yseult et de Tristan :
  « Aimez à pleine lèvre ! »

Là, nous aurions vécu, le cœur tout près du cœur,
Oublieux, oubliés, et notre amour, mignonne,
Eût grandi dans ce coin de la terre bretonne,
  La terre où rien ne meurt.

VII

TOAST.

De cidre écumant j'ai rempli mon verre,
    Et je l'ai levé
Bien haut, vers le ciel, la mer et la terre ;
La liqueur dorait la coupe légère
    De cristal gravé :

« Je bois à la Bretagne, à ses vertes presqu'îles
    Dont l'Océan houleux
Baigne le dur granit, et les grèves tranquilles,
    Et les ports populeux ;

« Au pays des dolmens et des forêts de hêtres,
    Où les hommes naïfs
Ont gardé le langage et l'habit des ancêtres
    Comme aux temps primitifs ;

« Aux filles dont l'œil bleu luit sous la coiffe blanche,
    Et qui montent le soir,
La cruche sur la tête et la main sur la hanche,
    Le sentier du lavoir ;

« Aux paysans pensifs laissant sur leur épaule
    Leurs cheveux pendre épars,
Aux blonds enfants qu'on voit sur les dalles du môle
    Bondir frais et gaillards!

« Je bois aux temps lointains, aux grands âges celtiques,
    Au vieil esprit qui dort
Dans la profonde nuit des pierres druidiques,
    Engourdi, mais non mort!

« Il renaîtra!... Je bois aux floraisons prochaines,
    Aux saisons où Merlin
Secouera son sommeil sous les branches des chênes
    Je bois au clair matin

« Où l'oiseau du réveil, l'alouette joyeuse
    Dans les airs chantera.
Où, le front couronné de verveine et d'yeuse,
    La Gaule revivra!... »

De cidre écumant j'ai rempli mon verre,
    Et je l'ai levé;
Saluant le ciel, la mer et la terre,
J'ai vidé d'un trait la coupe légère
    De cristal gravé.

Les Confitures.

A la Saint-Jean d'été les groseilles sont mûres.
Dans le jardin vêtu de ses plus beaux habits,
Près des grands lis, on voit pendre sous les ramures,
Leurs grappes couleur d'ambre ou couleur de rubis.

Voici l'heure. Déjà dans l'ombreuse cuisine
Les pains de sucre blancs, coiffés de papier bleu,
Garnissent le dressoir où la rouge bassine
Reflète les lueurs du réchaud tout en feu.

On apporte les fruits à pleines panerées
Et leur parfum discret embaume le palier;
Les ciseaux sont à l'œuvre et les grappes lustrées
Tombent comme les grains défilés d'un collier.

Doigts d'enfants, séparez sans meurtrir la groseille
Les pepins de la pulpe entr'ouverte à demi !
La grave ménagère, attentive, surveille
Ce travail délicat d'abeille ou de fourmi.

Vous êtes son chef-d'œuvre, exquises confitures !
Dès que l'été fleurit les liserons du seuil,
Après les longs travaux : lessives et coutures,
Vous êtes son plaisir, son luxe et son orgueil.

Que le monde ait la fièvre et que sa turbulence
Gronde ou s'apaise au loin, la tranquille maison
Toujours, à la Saint-Jean, voit les plats de faïence
Se remplir de fruits mûrs et prêts pour la cuisson.

Le clair sirop frissonne et bout; l'air se parfume
D'une odeur framboisée... Enfants, spatule en main,
Enlevez doucement la savoureuse écume
Qui mousse et perle au bord des bassines d'airain !

Voici l'œuvre achevé. La grave ménagère
Contemple fièrement les godets de cristal
Où la groseille brille, aussi fraîche et légère
Que lorsqu'elle pendait au groseillier natal.

Les grappes maintenant bravent l'hiver... Comme elles,
La ménagère échappe aux menaces du temps ;
La paix du cœur se lit dans ses calmes prunelles,
Et son front reste lisse et pur comme à vingt ans.

Souvenir.

A Léo Joubert.

Bien souvent j'y pense ! l'hiver !...
Je revois comme dans un rêve
La route escarpée et la grève
Où l'on entend gronder la mer.

Je vois la maison... Isolée,
Murs décrépis et volets clos.
Vers le seuil, de pâles bouleaux
Penchaient leur tête échevelée...

Hors du vieux logis, chaque soir,
Un homme glissait comme une ombre,
Et sur la route nue et sombre,
Comme une ombre venait s'asseoir.

Là, dans l'angoisse et dans l'attente,
L'oreille au vent, il écoutait,
Et la rafale lui portait
Les rumeurs de la mer montante.

Tout à coup, sur le grand chemin,
Le bruit sourd d'une diligence
Retentissait dans le silence...
Alors, saluant de la main,

Il se levait... Claire et joyeuse,
Tintait la chanson des grelots ;
Au galop de quatre chevaux
La voiture accourait, poudreuse.

L'homme, y plongeant un long regard,
Interrogeait chaque visage...
Personne !... Et le lourd attelage
Disparaissait dans le brouillard.

D'un air de tristesse inquiète
Il laissait retomber ses bras,
Puis, l'œil éteint et le front bas,
Regagnait sa maison muette.

Il revenait le lendemain ;
Il revenait, infatigable,
Comme la mer qui, sur le sable,
Se traîne et sanglote sans fin.

Que le printemps fleurit la mousse,
Que l'hiver blanchit le fossé,
Il était là, toujours, poussé
Par sa folie étrange et douce.

Qu'attendait-il ?... On l'ignorait.
Seule, la mer houleuse et noire
Peut-être savait son histoire,
Et seule gardait son secret.

Sur la mer profonde et sonore
Plus d'un être cher est parti,
Et plus d'un y reste englouti,
Que sa maison espère encore...

Je n'ai jamais su quel espoir
Ou quelle obscure tragédie
Secouait ton âme engourdie,
Pauvre fou !... Mais souvent, le soir,

J'y repense ; et, comme en un rêve,
Je vois la maison, les bouleaux,
L'homme immobile, et les chevaux
Fuyant dans la nuit qui se lève.

In memoriam.

Pour le Tombeau de Théophile Gautier.

O poëte amoureux des formes lumineuses,
　O maître, si j'avais en ce siècle bourgeois
A bâtir pour ta cendre un tombeau de mon choix,
Tu ne dormirais pas dans nos villes haineuses.

Ton tertre fleurirait aux pentes gazonneuses
Des forêts de l'Ardenne, où Shakspeare autrefois,
Sous la voûte sonore et verte des grands bois,
Faisait rire et chanter de blanches promeneuses.

Rosalinde y viendrait. Jacque, assis au revers
Du monument semé d'anémones pâlies,
Exhalerait sa verve et ses mélancolies.

Et doucement l'air bleu, le soleil, les beaux vers,
Traversant l'épaisseur de la ramure altière,
Iraient vers toi qui fus chant, couleur et lumière.

Reposoirs.

A Camille Fistié.

Quand juin répand les fleurs de ses pleines corbeilles,
Chèvrefeuilles, jasmins, lis et coquelicots;
Tous ces parfums mêlés à des chansons d'abeilles
De mes jeunes saisons réveillent les échos.

O mes clochers lorrains, j'entends vos sonneries!
Je vois la rue ombreuse et le ciel calme et bleu,
Les pavés jonchés d'herbe et de sauges fleuries,
Et les verts reposoirs dressés aux Fêtes-Dieu.

Dans un frais tourbillon de roses effeuillées
Et de vapeur d'encens, les chapes aux plis lourds,
Les surplis blancs et les robes ensoleillées
Défilent aux sons lents et rythmés des tambours.

Pénétrant et pareil à la senteur confuse
Des fenouils et des buis dont le sol est semé,
Un mystique désir dans les âmes s'infuse,
Un vague et doux besoin d'aimer et d'être aimé.

Les fillettes d'hier, aujourd'hui demoiselles,
Dans leur yeux mi-baissés ont un plus chaud rayon ;
La chrysalide s'ouvre, il lui pousse des ailes,
L'odeur des roses fait sortir le papillon.

Les bruns adolescents aux rêves encor vierges,
En les voyant passer, blondes, l'air ingénu,
Auprès des reposoirs tout étoilés de cierges,
Se sentent remués par un trouble inconnu.

Et dans leur cœur naïf, si facile à s'éprendre,
Ces pâles écoliers, timides et muets,
Dressent un reposoir mystérieux et tendre
Pour leur premier amour couronné de bluets ;

Une chapelle intime où l'image adorée
Sur un autel de lierre et de mousse des bois
Repose chastement, nuit et jour honorée
De fervents chapelets égrenés à mi-voix.

Ils y font tous les soirs des stations pieuses,
Ils en jonchent de fleurs le seuil tous les matins,
Et plus tard même, au cours des saisons orageuses,
Quand l'idole est tombée et les cierges éteints,

Quand ne résonnent plus les amoureux rosaires,
Autel du Souvenir, idéal reposoir,
Sur ta mousse fanée, aux jours anniversaires,
Leur pensée aime encor à venir se rasseoir,

Elle y pose son aile errante, et s'y recueille
Lorsque les carillons bourdonnant dans l'air bleu,
Et les parfums épars des roses qu'on effeuille
Annoncent le retour joyeux de Fêtes-Dieu.

L'AMOUR AUX BOIS

Une Ondine.

Avec sa bouche aux coins rieurs
Et ses yeux verts qu'un regret baigne
De mélancoliques lueurs,
Elle a pris mon âme, elle y règne,
Et j'aime sa blonde beauté,
Faite de grâce et de fierté.

Elle est fantasque et violente,
Mais elle met dans un coup d'œil
Une caresse amolissante
Qui fond lentement mon orgueil,
Et sa voix d'enfant qui se fâche,
Sa voix boudeuse me rend lâche.

Tantôt douce comme une fleur,
Tantôt inflexible et hautaine,
Elle a des tendresses de sœur
Et des arrogances de reine;
Sphinx adorable, esprit amer
Et fascinant comme la mer.

A la fois provocante et chaste,
Câline et froide tour à tour,
Par un mystérieux contraste,
Elle désire et craint l'amour ;
La volupté, comme une hermine,
Dort aux neiges de sa poitrine.

Est-ce le sommeil ou la mort?...
La charmeuse que j'aime est-elle
Une Ondine des lacs du Nord
Aux amours humaines rebelle?
Une Elfe aux blonds cheveux tressés
Avec des nénuphars glacés?,..

Sa blancheur de vierge m'attire,
Le chant de sa voix m'a troublé,
Et je cherche sans cesse à lire,
Dans son cœur mobile et voilé,
L'énigme obscure, impénétrable,
Qui me captive et qui m'accable.

Avec sa bouche aux coins rieurs
Et ses yeux verts qu'un regret baigne
De mélancoliques lueurs,
Elle a pris mon âme, elle y règne,
Et j'aime pour l'éternité
Sa blonde et neigeuse beauté.

Mythologie.

C'était au bois, en mars, et le merle sifflait.
Elle allait devant moi, délicate et mignonne,
Et sa main me montra dans l'ombre une anémone
Rose, auprès de ses sœurs blanches comme du lait.

Je lui contai la fable antique : — le filet
D'où s'élance le dieu que la haine aiguillonne,
Adonis qui se meurt et l'herbe qui fleuronne,
Empourprée, à la place où le sang pur coulait.

Elle écoutait... Soudain aux ronces de la haie
Son doigt meurtri saigna... Ma bouche sur la plaie
Comme un vin capiteux but la rouge liqueur...

Goutte à goutte, le sang tomba dans ma poitrine,
Et, comme aux temps lointains de la fable divine,
La pourpre fleur d'amour s'entr'ouvrit dans mon cœur.

Au bal.

L'ORCHESTRE joue un air plein de molles langueurs;
    Les couples enlacés tournoient;
En un bain de musique et d'extase les cœurs
    Et les regards brûlants se noient ;

Et dans ce tourbillon jeune et voluptueux
    Je vois passer ma seule amie;
Un pâle nénuphar parmi ses blonds cheveux
    Entr'ouvre sa fleur endormie.

Blanche, rêveuse et chaste, au bras qui la conduit,
    Impénétrable, elle se livre;
De mouvements rythmés, de musique et de bruit,
    Fière et muette, elle s'enivre.

Ses petits pieds légers effleurent le parquet
    Aux sons de la flûte câline,
Et les pétales blancs que sème son bouquet
    Viennent tomber sur ma poitrine.

Elle passe, et tandis que l'émanation
    De ses muguets remplit l'air tiède,
Un sauvage désir fait comme explosion
    Dans mon cœur jaloux, et l'obsède.

Je voudrais la saisir dans mes bras, et pareil
    Au cavalier de la ballade,
L'emporter au galop loin du fol appareil
    De ce monde faux et malade;

M'enfuir au fond des bois où les papillons seuls
    Dansent sur les eaux des fontaines,
Où les sapins rêveurs et les calmes tilleuls
    Mêlent leurs salubres haleines;

Et là, dans le silence auguste et solennel
    De la renaissante verdure,
Boire sans fin le lait de l'amour éternel
    Au large sein de la Nature.

Premier Soleil.

JEUNES tous deux, elle charmante,
　　Ils erraient aux bois en hiver;
Sous sa voilette transparente
Luisaient ses yeux couleur de mer,

Dans la mousse et les feuilles sèches
Ils suivaient un étroit sentier,
Et sur leurs fronts pleuvaient les flèches
D'un soleil déjà printanier.

Pas une pousse verte encore
N'apparaissait dans le fourré;
Mais on voyait comme une aurore
D'avril dans le ciel bleu nacré.

L'oiseau pépiant sur la branche,
Les langueurs de l'air attiédi,
Le son des cloches du dimanche
Qu'apportait le vent du midi,

Tout ne formait qu'une harmonie...
Ils marchaient, et l'enivrement
De cette musique infinie
En eux pénétrait lentement.

Soudain pâlissante, alourdie,
Sa tête blonde s'inclina :
« Le soleil m'a presque étourdie, »
Fit-elle, et son corps frissonna.

Ses longs cils, comme une dentelle,
S'abaissèrent sur ses grands yeux.
« Ce n'est rien, poursuivons, dit-elle,
Je me sens forte et je vais mieux... »

Sous la peau qui redevint rose
Le sang courut, son œil brilla,
Et sur sa bouche demi-close
Un sourire se réveilla.

Elle avait levé sa voilette,
Son sein tout ému palpitait ;
Une senteur de violette
De son corsage ouvert montait...

Lui, rempli d'audaces nouvelles,
Fut tenté de mettre un baiser
Sur ses yeux aux claires prunelles..,
Mais il s'arrêta sans oser.

Le baiser resta sur sa lèvre ;
Il craignit de jeter d'abord
Cette note pleine de fièvre
Dans cet harmonieux accord ;

Et sage, il sut avec délice
Savourer ce rare bonheur,
D'aspirer au bord du calice
Le parfum sans froisser la fleur.

Désir d'avril.

En plein bois, dans la profondeur
Où tremblent des lumières vertes,
Les muguets à l'exquise odeur
Balancent leurs grappes ouvertes.

Les muguets blancs m'ont enivré,
Et la voix du ramier qui chante
Au fond de mon cœur enfiévré
A mis un désir qui fermente.

Les blancs muguets couleur de lait
Et leur haleine parfumée
Ont évoqué dans la forêt
Ton cher fantôme, ô bien-aimée !

Tes bras ont leur douce pâleur,
Tes yeux sont verts comme leur tige,
Et, comme leur exquise odeur,
Tes baisers donnent le vertige.

Parmi les bois mélodieux
Qu'avril embaume et renouvelle,
Oh! de ta lèvre et de tes yeux
Goûter la caresse éternelle!...

Le Vin de mai*.

Voici le Mai, le jeune mois !
Connais-tu la Reine des bois,
L'aspérule aux pâles fleurettes ?
Vers la source aux miroirs tremblants
Où les chevreuils ont leurs retraites,
Elle étale ses bouquets blancs,
Bordés de vertes collerettes.

Dès qu'elle éclôt dans les taillis,
Aux vignerons de mon pays
Sa fine odeur la recommande.
Sous les voûtes de leur caveau
Nos vieux buveurs, race gourmande,
Infusent dans le vin nouveau
L'aspérule qui sent l'amande.

*Liqueur qu'on prépare, en Lorraine et en Alsace, en faisant infuser dans du vin blanc les fleurs de l'*aspérule odorante*.

Ce vin mousseux et parfumé,
Mignonne, c'est le Vin de mai.
Sa sève semble composée
D'aromes subtils et flottants :
Sucs de fleurs, gouttes de rosée...
Aux sources mêmes du printemps
On dirait la liqueur puisée!

Dès l'aube, allons par les chemins
Cueillir tous deux à pleines mains
Les blanches fleurs toutes mouillées;
Et sous le toit hospitalier,
Du garde des jeunes feuillées,
Versons le clair vin du cellier
Sur leurs tiges ensommeillées...

Le vin mousse... Le voilà prêt!
O bûcherons de la forêt,
Prêtez-nous vos coupes de hêtre
Qu'imprègne encor l'odeur du bois...
Salut à Mai qui vient de naître!
Je bois à ta beauté; je bois,
Mignonne, à l'amour, notre maître!

Déjà mes yeux sont fascinés
Par tes grands yeux illuminés.
Le loriot dans les clairières
Chante, et je crois entendre un chœur

Lointain de flûtes printanières,
Et je sens passer dans mon cœur
L'âme des plantes forestières !

Tout est joie et sérénité.
Les bruits de la grande cité,
Où la vie humaine est si dure,
Expirent sous les églantiers
Dont la forêt fait sa bordure...
A nous l'ombre, à nous les sentiers
Fuyant sous la haute verdure !

Les pommiers des bois, sur nos fronts,
Sèment par milliers leurs fleurons
Teints des nuances de l'aurore,
Et moi-même, joyeux semeur,
Sur tes lèvres je fais éclore
Mille baisers que la saveur
Du vin de mai parfume encore.

Souvenir du Bas-Bréau.

Les hêtres blancs et droits élancent haut leur voûte ;
A leurs pieds, la fougère et la mousse au passant
Offrent des lits moelleux où le sommeil descend
Lentement, comme un miel distillé goutte à goutte.

Une lumière, en pluie impalpable dissoute,
Répand sous la feuillée un jour phosphorescent
Où des papillons bruns monte l'essaim dansant,
Où le glauque lézard, tapi dans l'herbe, écoute...

Aucun bruit, si ce n'est, comme un rire flûté,
Le chant d'un loriot gourmand, mis en gaîté
Par l'espoir d'un hallier plein de cerises mûres.

Partout une ombre fraîche, et là-bas, tout au fond,
Dans l'entrelacement des confuses ramures,
De rares coins de ciel d'un bleu pur et profond.

Joie de vivre.

A Georges Lafenestre.

Le soleil de juillet s'élance à l'horizon,
Les martinets légers qui tournent dans la nue
Font retentir le ciel de leur vive chanson.

Une ombre fraîche et bleue emplit encore la rue,
Mais des pavés du seuil aux poutres du pignon,
Partout avec le jour la vie est revenue.

L'enfant s'éveille et rit dans son berceau mignon,
Des fruits roulent vermeils dans l'étroite embrasure
D'une échoppe, et là-bas, en nouant son chignon,

Près de sa vitre où tombe un rideau de verdure,
Une fille aux bras nus répète à haute voix
Les refrains familiers qu'un vieil orgue murmure.

Fuyons la ville! Viens, loin des murs et des toits,
Aux champs où la rivière épand sa nappe blanche;
Viens dans les prés en fleur, en plein air, en plein bois!

La sève en gommes d'or tremble aux nœuds de la branche,
La terre grasse exhale un parfum de santé;
Son sein gonflé de lait comme un ruisseau s'épanche.

Plénitude, salut! Forêts, fleuve argenté,
Blés verts, salut! Midi, roi des heures sereines,
Et toi, midi de l'an, pourpre et royal été,

Salut! vous répandez de fécondes haleines,
Et je sens par moments s'infuser dans mon sein
La gaîté de la source et la vigueur des chênes.

Oh! la santé, la joie et la force! L'essaim
Des rapides désirs et des jeunes pensées
Bourdonnant dans un corps harmonieux et sain!..

Heureuse l'alouette aux notes cadencées
Qui fuit allègrement en plein azur! Heureux
Les robustes nageurs, parmi les eaux glacées,

Dans la fraîcheur du bain trempant leurs bras nerveux!
Et près des peupliers aux frissonnants murmures,
Mille fois plus heureux encor les amoureux,

Qui marchent triomphants sous les molles ramures !
Ils montent vers les bois épanouis ; là-bas
Les taillis ont pour eux des champs de fraises mûres.

L'amour luit dans leurs yeux et sonne dans leurs pas ;
Non point l'amour tremblant qui doute et qui soupire,
Mais le dieu qui n'a plus à livrer de combats,

Et qui, sûr de lui-même et sûr de son empire,
Sans désirs étouffés comme sans vains regrets,
N'est jamais las d'aimer, jamais las de le dire...

Les voici cheminant dans la paix des forêts.
En bas, la mousse étend ses tapis ; la ramée
Dresse là-haut ses toits mobiles et discrets.

Une lumière fine et tendre, clair-semée,
Allume doucement les regards de l'ami
Et glisse sur le cou frais de la bien-aimée.

Tout au loin, la futaie en s'ouvrant à demi,
Par-delà des rideaux de bruyère empourprée,
Laisse voir un étang sous les joncs endormi.

Voici la solitude et l'heure désirée
Des propos amoureux et des oaristys ;
Les yeux cherchent des yeux la caresse adorée.

Ceux de l'ami sont bleus comme un myosotis,
Ceux de l'enfant sont bruns comme les scabieuses ;
O charme des beaux yeux par l'amour assortis !

Regards éclos au fond des prunelles soyeuses,
Magnétiques regards l'un dans l'autre fondus,
Quel poème dira vos extases joyeuses?

Ils s'aiment... Ruisselets sous les ronces perdus,
Enflez vos voix ; fleurs d'or, entr'ouvrez vos calices ;
Volez, bleus papillons aux branches suspendus ;

Mollement et sans bruit, coulez, heures propices !
O volupté de vivre, ô volupté d'aimer,
Quel hymne redira vos intimes délices ?...

Mais le temps fuit, le temps que nul ne peut charmer !
Sous les arbres noueux de la forêt géante,
Vers l'occident, le ciel commence à s'enflammer ;

Le couple, aux sons lointains d'une cloche qui chante,
S'éveille doucement de son oubli profond...
La blonde enfant rêveuse, émue et frémissante,

Sur le sein de l'ami laisse tomber son front
Et sourit ; on entend palpiter sa poitrine
Dans le calme du soir que nul bruit n'interrompt.

Et tous deux lentement descendent la colline.
La tendresse à pleins flots déborde de leurs cœurs,
Et dans les prés mûris dont l'herbe au vent s'incline,

Dans la gloire des fruits et la grâce des fleurs,
Les étoiles du ciel et la lune dorée
Qui monte; dans les sons, les clartés, les odeurs,

Ils bénissent la Vie éternelle et sacrée.

Amour obstiné.

Ceux qu'une volupté sans larmes
Nourrit d'un bonheur calme et doux,
Ceux-là ne savent pas tes charmes,
Amour, maître dur et jaloux!

Si tes plus exquises délices
Gardent quelque chose d'amer,
Tes orages et tes caprices
Sont attirants comme la mer...

Parfois la révolte me tente;
Je veux briser le fil vainqueur
Dont une fée ensorcelante
Enlace étroitement mon cœur.

Je pars, je vais chercher contre elle
Un refuge dans la forêt...
« Aide-moi, verdure nouvelle,
A rompre son magique attrait ! »

Mais la lumière verdissante
Qui filtre sous les grands couverts
Me rappelle la fée absente,
L'ondine aux fascinants yeux verts.

Aux bouleaux sa grâce est pareille,
La source est l'écho de sa voix,
Je songe à sa bouche vermeille
Devant les framboises des bois.

Le ramier chante, et la cadence
Des roucoulements langoureux
Réveille en moi la souvenance
De nos caresses d'amoureux.

Les sauges et les marjolaines,
Et les chèvrefeuilles rosés
Me parlent d'elle... Leurs haleines
Ont le parfum de ses baisers...

Je quitte la forêt sauvage,
Et las de mon effort viril,
Je retourne à l'ancien servage
Comme un banni revient d'exil.

A son joug charmeur je rapporte
Mon front lâche et mon cœur confus,
Et je vais heurter à sa porte,
Tremblant qu'elle ne l'ouvre plus.

Les Cloches.

Les bois sentent l'automne, et le sommeil profond
Des grands chênes, baignés d'une lumière douce,
Est à peine troublé par le bruit sourd que font
    Les glands mûrs tombant sur la mousse.

Mets ton front près du mien, pose ton corps lassé
Sur mon bras amoureux qui l'étreint comme un lierre,
Et restons dans cette ombre où septembre a dressé
    Pour nous ses tapis de bruyère.

Demeurons-y blottis ensemble, ô chère enfant,
Comme au fond de leur nid obscur deux hirondelles,
Ou dans la coque verte et blanche qui se fend,
    Deux brunes châtaignes jumelles.

Les yeux mi-clos, les mains dans les mains, sous les bois,
Savourons le lait pur des voluptés sereines,
Tandis qu'un vent léger nous apporte les voix
    Berceuses des cloches lointaines.

Les sons clairs tout remplis d'endormantes douceurs
Se fondent mollement dans notre extase... Écoute!
On dirait que leur chant limpide dans nos cœurs
    Filtre avec l'amour, goutte à goutte.

Je ne sais quoi de chaste et de plus amical
Pénètre en nous avec ces notes argentines,
Leur musique nous rend le charme virginal
    Des blondes saisons enfantines;

Des saisons d'autrefois, sous le toit familier
Où grimpent des jasmins et des aristoloches,
Quand on est réveillé dans son lit d'écolier
    Par les voix sonores des cloches.

Vers ce passé brumeux je me crois revenu...
En écoutant vibrer ces voix aériennes,
Je crois depuis l'enfance avoir toujours tenu
    Tes petites mains dans les miennes.

Il me semble qu'alors, écoliers nonchalants,
Couchés comme aujourd'hui sur les mousses fleuries,
Nous suivons à travers les grands nuages blancs
    Le vol des claires sonneries ;

Ou bien nous cheminons ensemble, aux Fêtes-Dieu,
Par les sentiers jonchés d'herbes que le pied froisse,
Tandis que tout là-haut bourdonnent dans l'air bleu
    Les carillons de la paroisse.

L'amour adolescent, frais comme un reposoir,
Vague comme un parfum d'encens qui s'évapore,
Ou comme les soupirs de l'*Angelus* du soir,
    L'amour en nos cœurs vient d'éclore...

O mirage produit par ce pur timbre d'or,
Charme du rythme lent, berceur et monotone !
C'est ce magique amour qui nous enchaîne encor
    Dans les bois qu'embaume l'automne.

C'est lui qui fait tourner comme vers un aimant
Mes désirs vers tes yeux pleins de moites caresses,
Et qui soumet mon cœur au fier commandement
    De tes lèvres enchanteresses.

Ah! qu'il plane longtemps sur nous, le jeune dieu!
Qu'il nous suive partout, au soleil et dans l'ombre,
L'été parmi les bois, l'hiver au coin du feu,
    Partout, durant des jours sans nombre!

Qu'il joigne encor nos mains et rapproche nos fronts,
Quand au fond du tombeau, comme sur ces bruyères,
Côte à côte étendus, nous nous endormirons
    Au chant des cloches mortuaires;

Et puissent dans le ciel nos âmes voyager,
Comme les sons jumeaux de ces cloches paisibles,
Qui s'en vont deux à deux avec le vent léger
    Vers les étoiles invisibles.

CHANSONS RUSTIQUES

La Vigne en fleur.

La fleur des vignes pousse
Et j'ai vingt ans ce soir...
Oh! que la vie est douce!
C'est comme un vin qui mousse
En sortant du pressoir.

Je sens ma tête prise
D'ivresse et de langueur.
Je cours, je bois la brise...
Est-ce l'air qui me grise
Ou bien la vigne en fleur?

Ah! cette odeur éclose
Dans les vignes, là-bas...
Je voudrais, et je n'ose,
Étreindre quelque chose
Ou quelqu'un dans mes bras!

Comme un chevreuil farouche
Je fuis sous les halliers;
Dans l'herbe où je me couche
J'écrase sur ma bouche
Les fruits des framboisiers;

Et ma lèvre charmée
Croit sentir un baiser,
Qu'à travers la ramée
Une bouche embaumée
Vient tendrement poser...

O désir, ô mystère!
O vignes d'alentour,
Fleurs du val solitaire,
Est-ce là, sur la terre,
Ce qu'on nomme l'amour!

Brunette.

Voici qu'avril est de retour,
  Mais le soleil n'est plus le même,
Ni le printemps, depuis le jour
Où j'ai perdu celle que j'aime.

Je m'en suis allé par les bois.
La forêt verte était si pleine,
Si pleine des fleurs d'autrefois,
  Que j'ai senti grandir ma peine.

J'ai dit aux beaux muguets tremblants :
« N'avez-vous pas vu ma mignonne ? »
J'ai dit aux ramiers roucoulants :
« N'avez-vous rencontré personne ? »

Mais les ramiers sont restés sourds,
Et sourde aussi la fleur nouvelle,
Et depuis je cherche toujours
Le chemin qu'a pris l'infidèle.

L'amour, l'amour qu'on aime tant,
Est comme une montagne haute :
On la monte tout en chantant,
On pleure en descendant la côte.

Légende.

Le brick n'eut pas plutôt sombré
Avec ses grands mâts et ses voiles,
Que tout le ciel fut éclairé ;
A la lueur de mille étoiles,
On vit sainte Azénor volant
Sur mer ainsi qu'un goëland.

La sainte prit dans l'algue verte
Le capitaine à demi mort,
Et sur son aile large ouverte
Le conduisit droit jusqu'au port :
« Réveille-toi, beau capitaine,
Voici ta ville et ton domaine. »

*Voir le drame de *Jean-Marie*, du même auteur.

Sitôt qu'il fut à son château,
Trois fois sur la porte fermée
Sa main fit sonner le marteau :
« Sèche tes yeux, ma bien-aimée,
Celui que tu croyais perdu,
Sainte Azénor tè l'a rendu. »

Trimazô

CHANSON DE MAI

(Meuse et pays Messin.)

Nous avons gravi les premiers
    La pente des collines ;
Les blés étaient verts, les pommiers
    Neigeaient dans les ravines,
Les prés étaient comme un jardin,
Et l'herbe d'amour a soudain
    Fleuri dans nos poitrines.

Les ramiers des bois s'accouplaient
    Au creux des vieilles souches,
Tous les oiseaux rossignolaient
    Et semblaient moins farouches ;

Et comme une brise d'été,
Un soupir d'amour est monté
  De nos cœurs à nos bouches.

CHŒUR.

Voici le mai, le mois de mai!
Par la grâce des fleurs nouvelles
Que tout cœur dolent soit charmé;
A la chanson des hirondelles
Que tout cœur aimant soit aimé!
Voici le mai, le mois de mai!

LES PAYSANS DE L'ARGONNE
1792

A Coquelin cadet.

Les Paysans de l'Argonne.

1792

Verdun s'était rendu. Serrés en noires lignes,
Les bataillons prussiens escaladaient nos vignes.
Vers l'Argonne, aux grands bois noyés dans les brouillards,
Ils s'avançaient nombreux, insolents et pillards,
Et les corbeaux, trompés par ces voix allemandes,
Se croyaient en famille et saluaient leurs bandes.
Tous se voyaient déjà triomphants, et, le soir,
Leurs généraux grisés par le vin du terroir
Taillaient la France entre eux comme un cerf qu'on démembre.
La route cependant était rude. Septembre
Versait à flots les pleurs de son ciel pluvieux,
Les fourgons dans la boue entraient jusqu'aux essieux,
Et les hommes juraient et faisaient triste mine,
Ayant au front la pluie, au ventre la famine.
Les bourgs étaient déserts ; les paysans lorrains
Cachaient dans les forêts leurs troupeaux et leurs grains,
Et, quand chez un fermier les fourrageurs avides
Arrivaient, l'écurie et la huche étaient vides...

Leurs premiers régiments, à demi morts de faim,
Avaient atteint Grandpré; devant eux, à la fin,
L'Argonne se dressait, profonde, sombre et haute,
Quand un des espions rapporta qu'à mi-côte,
Dans un taillis coupé par des fossés bourbeux,
Des paysans s'étaient enfuis avec leurs bœufs.
D'abord ce fut un rauque et brutal cri de joie,
Puis en silence, et pour ne pas manquer la proie,
On cerna le taillis.

    Au milieu des halliers,
Cent hommes environ, fermiers et journaliers,
Pâles, armés de faux et de vieilles épées,
Faisaient le guet, tandis qu'à l'entour des cépées
Leurs grands bœufs ruminaient d'un air indifférent.
Tout à coup un rayon de soleil, éclairant
L'épaisseur du fourré, laissa voir sous les ormes
Les fusils des Prussiens et leurs noirs uniformes.
« A nous ! » dit un berger... Sa voix vibrait encor,
Quand un coup de mousquet l'étendit roide mort.
Ils étaient dix contre un ; d'ailleurs que peuvent faire
De pauvres paysans contre des gens de guerre?...
On se rendit. Un chef écrivit le détail
Des parts que chacun d'eux avait dans le bétail,
Et leur remit, avec d'amères railleries,
Un bon sur le Trésor, payable aux Tuileries...
Puis en criant hourra ! les soldats deux à deux
Défilèrent, poussant le troupeau devant eux.
Les bœufs, en mugissant, et les génisses rousses

Tournaient le front d'un air plaintif, et leurs voix douces
Retentissaient au loin. Les paysans navrés
Les regardaient partir, muets, les poings serrés,
Et des larmes de feu brûlaient leur peau tannée...

Amour de la maison où notre race est née,
Haine de l'étranger qui vient prendre au pays
Le blé de ses sillons et le sang de ses fils,
Fier sentiment du droit écrasé par la force,
C'est vous qui pénétrez nos cœurs à rude écorce !
Nous ne comprenons rien, nous autres laboureurs,
Aux querelles des rois avec les empereurs,
Nous ne connaissons pas la gloire et ses chimères ;
Mais nous savons que les enfants sont à leurs mères,
Que nos champs sont à nous, que le sang veut du sang,
Et nous nous soulevons comme un flot menaçant...

Les paysans, avec des pleurs dans les paupières,
Demeurèrent longtemps au milieu des bruyères.
Tout à coup, brandissant leurs faux, mêlant leurs voix,
Il jetèrent un cri qu'au loin l'écho des bois
Répercuta comme un tonnerre, et, l'œil farouche,
La rage dans le cœur, la vengeance à la bouche,
Ils bondirent parmi les ronces des halliers
Comme un fauve troupeau de rudes sangliers.
Ils coururent ainsi jusqu'aux âpres falaises
Où les noirs charbonniers surveillaient leurs fournaises.
Tout un groupe vaillant vivait sur ces hauteurs :
Braconniers, bûcherons, hardis et fiers lutteurs.

Hors d'haleine, tremblant de hâte et de colère,
Le doyen des fermiers leur raconta l'affaire,
Et quand il eut fini, le maître charbonnier
Remplit sa poire à poudre et boucla son carnier.
C'était un grand vieillard aux traits durs et moroses,
Il avait vu beaucoup de pays et de choses,
Et savait lire : « Amis, leur dit-il, vengeons-nous,
Vengeons-nous dès ce soir !... Ces Prussiens sont des loups
Qui nous dévoreront, si nous les laissons faire.
Ils nous prendront jusqu'au dernier lopin de terre,
Ils viendront se gorger de notre vin vermeil
Et dégourdir leur sang à notre chaud soleil...
Nous sommes la lumière; eux, ils sont les ténèbres!
Donc, en marche, et traquons à mort ces loups funèbres.
Je sais où doit passer un de leurs régiments.
Venez tous, et ce soir, contre les Allemands
Ce que nous défendrons, avec notre existence,
Ce sera le joyeux et libre sol de France! »

Il dit et se leva. Son profil maigre et fier
Se découpait en noir sur le couchant d'or clair.
Ayant pris son fusil, il partit, l'air tranquille,
Comme pour une chasse, et derrière, à la file,
Dans un sentier bordé de genêts et de houx,
Graves, silencieux, ils le suivirent tous...
Ils marchaient, et la nuit tombait, et les nuées,
Où les éclairs perçaient de blafardes trouées,
Dans le ciel orageux amassaient leurs plis lourds.
L'averse ruisselait... Ils avançaient toujours.

Enfin le charbonnier sur le bord d'une pente
Fit halte, et, leur montrant la profondeur béante,
Murmura lentement : « C'est par là qu'ils viendront ! »
Dans la roche un ravin s'ouvrait, et d'un seul bond
Descendait brusquement au fond d'une clairière.
Un torrent s'y creusait un étroit lit de pierre,
Et la route longeait à pic le cours de l'eau.
Du creux de ce couloir au sommet du plateau,
Selon l'effort du vent, la voix d'une cascade
Arrivait jusqu'aux gens placés en embuscade,
Tantôt comme un fracas de chevaux au galop,
Et tantôt comme un faible et limpide sanglot.

Les paysans avaient barricadé la route.
Ils attendaient, le cœur plein d'angoisse et de doute,
Lorsque, vers le ravin penchant son front noirci,
Le charbonnier leur dit : « Écoutez !... Les voici... »

En effet, à travers la pluie et la rafale,
On distinguait un bruit confus... Par intervalle,
La rumeur s'accroissait. De brefs commandements
Retentissaient pareils à des croassements,
Et les éclairs faisaient briller les baïonnettes,
Et déjà des soldats les voix montaient plus nettes.
Le charbonnier cria : « Mort aux brigands !... A mort !...
Et ce fut le signal... Sur ces hommes du Nord
Les troncs d'arbres noueux et les quartiers de roche
Croulèrent, comme si l'Argonne, à leur approche,
Eût convulsivement secoué de son front

Les rocs et les forêts pour venger son affront.
Les grès lourds écrasaient les Prussiens par vingtaines.
« En avant ! en avant ! » hurlaient les capitaines
Avec d'affreux jurons, mais ils hurlaient en vain :
Les plus braves soldats tombaient dans le ravin,
Fous de peur, et mouraient avec un cri sauvage,
En songeant au clocher lointain de leur village.
Les rouges coups de feu se croisaient ; les blessés
Râlaient en se tordant au revers des fosssés...
« Et maintenant, mes fils, marchons à l'arme blanche ! »
Dit un vieux paysan...

      Et comme une avalanche
De démons, dans la gorge on les vit se ruer,
Pour armes ayant pris tout ce qui peut tuer :
Le hoyau du sarcleur, le fléau de la grange,
Et la serpe... Ce fut une sombre vendange,
Et les torrents gonflés, dans leur flot écumant,
Roulèrent plus d'un froid cadavre d'Allemand...

Lorsque tout fut fini, lorsque leur dernier homme,
Le front dans les roseaux, dormit son dernier somme,
Il se fit un silence. Alors, terrible et fier,
Debout sur le talus, tandis qu'un large éclair
Promenait sur les bois sa silhouette immense,
Le maître charbonnier cria : « Vive la France ! »

AUX AVANT-POSTES

SOUVENIRS DU SIÈGE

1870-1871

La Chambrée.

Nous voilà campés. La maison
Est une très vieille demeure :
Escaliers en colimaçon,
Murs nus à donner le frisson,
Noirs corridors où le vent pleure.

Un singulier assortiment
De meubles garnit notre gîte,
Épaves qu'au dernier moment
Les hôtes, plein d'effarement,
Laissèrent là pour fuir plus vite.

Parmi ces tranquilles débris
D'une vie heureuse naguère,
L'escouade, avec de grands cris,
S'installe et suspend aux lambris
Son bruyant attirail de guerre.

Au fond d'un fauteuil de coutil
Le caporal trône et pérore;
Jacob astique son fusil
Sur la huche, près du fournil
Où le pain cuisait dès l'aurore;

Sur le bord d'un bahut ancien
Où la ménagère peut-être
Jadis serrait son paroissien,
Un philosophe hégélien
Pose un des volumes du Maître.

La nuit vient, on fait le café.
La chambrée un moment s'apaise,
Et, du fond de l'âtre échauffé,
Un petit cri grêle, étouffé,
Se mêle aux rumeurs de la braise.

Le grillon chante. Il est resté,
Lui; ses refrains mélancoliques
Semblent au logis déserté
Parler de la félicité
Sereine des soirs pacifiques;

Des soirs où, content comme un roi,
Sur les genoux, à la même heure,
L'enfant dormait... Il chante, et moi
J'écoute, et je ne sais pourquoi,
Voilà qu'en l'écoutant je pleure.

Je songe à la paix des grands bois
Où les heures fuyaient si brèves;
Je crois entendre encor les voix
Des joyeux amis d'autrefois;
Et vers le bleu pays des rêves,

Sur l'aile de ce lent refrain,
Mon âme est comme soulevée...
Mais sur mon épaule, soudain,
Le sergent met sa lourde main :
« Holà! grogne-t-il, en corvée! »

Coucher de soleil.

Un calme soir d'hiver. Le canon fait silence.
Sur le couchant rougi, les vieux arbres pensifs
Et les toits des maisons forment de noirs massifs
D'où le svelte clocher dans un ciel d'or s'élance.

Comme un chœur vaporeux de blanches visions,
Un pâle et fin brouillard ondule sur la plaine.
La cloche de Vitry mêle au bruit de la Seine
Le clair et lent soupir de ses vibrations.

Paix et sérénité partout !... On pourrait croire
Que rien ne s'est passé depuis l'hiver dernier,
Alors que ce village obscur et casanier
Vivait de son travail et n'avait pas d'histoire.

Paix dans la plaine grise et paix aux cieux pourprés,
Partout, hormis au cœur des pauvres camarades
Qui vont à la tranchée, et dont les escouades
S'enfoncent tout là-bas dans la brume des prés.

La Consigne.

Le caporal, d'un air digne,
Met son homme en faction
Sur la Seine : « Attention,
Dit-il, voici la consigne :

« Les Prussiens sont là... Morbleu !
Ouvre l'œil ; vers la rivière
Si tu vois une lumière,
Ne bronche pas, et fais feu ! »

Le caporal rentre boire
Un doigt de rhum au *gourbi* ;
Resté seul, l'homme ébaubi
Fouille des yeux la nuit noire.

Il est novice au métier.
Pauvre garçon frêle et mince,
Il enseignait en province
L'algèbre, l'été dernier.

Vint la guerre... Adieu, sciences!
Bien qu'il fût peu résolu,
Comme un autre il a voulu
Marcher... Mais quelles vacances!

Frissonnant, ne bougeant plus,
Il écoute, plein d'angoisse...
Rien, que la bise qui froisse
Les broussailles du talus.

Ces soupirs mélancoliques
Le font glisser, attendri,
Dans un rêve tout fleuri
De souvenirs pacifiques.

Il revoit son vieux logis,
Sa table où sommeille un livre,
Son fauteuil aux clous de cuivre,
Par l'âtre flambant rougis.

Ses yeux se ferment. Il songe
Qu'auprès d'un feu de sarment
Il ôte son fourniment,
Et qu'en son lit il s'allonge...

Un bruit l'éveille... O stupeur!
Est-ce un rêve ou la berlue?
Une lumière remue
A cent pas, dans la vapeur;

Errante, au bord de la berge
Elle jette un rayon bleu...
« Allons, ferme!... » Il tremble un peu
En armant son fusil vierge.

Il tire... Grande rumeur.
On accourt, on se démène,
On jure... Lui, sur la Seine
Montre l'étrange lueur...

A la fin, tout se dévoile...
« Malheur! dit le caporal,
Il a fait feu, l'animal,
Sur le reflet d'une étoile! »

Parce, Domine.

L'ÉGLISE du village est éclairée à peine.
Les mobiles de Brest et ceux d'Ille-et-Vilaine
Viennent à l'*Angelus* y prier en commun ;
Car ils seront ce soir de grand'garde, et pas un
Ne veut aller là-bas sans un bout de prière.
L'aumônier, né comme eux dans les champs de bruyère,
Leur dit qu'il faut offrir un cœur pur au Dieu fort,
Et marcher en chrétien au-devant de la mort.
Et pour donner encore aux paroles du prêtre
Plus de solennité, le canon de Bicêtre
Fait trembler par instants les vitraux de la nef...
Tous entonnent alors, du soldat jusqu'au chef,
Le *Parce Domine*, ce grand cri que l'Église
Jette en pleurant vers Dieu dans les heures de crise.

« Épargnez-nous, Seigneur ! » chantent ces paysans
Que l'aube reverra peut-être agonisants ;
Et tandis que leurs voix montent dans l'air humide,
Il me semble, au delà des cintres de l'abside,
Entendre les rumeurs d'une foule à genoux :
Femmes en deuil, enfants sans pères, vieux époux
Dont les fils sont perdus sous la pluie et la neige,
Laboureurs qu'on rançonne et bourgeois qu'on assiège,
Toute la France enfin, lasse, blessée au cœur,
Et criant dans la nuit : « Épargnez-nous, Seigneur ! »

La Diane.

A l'horizon neigeux et clair,
 Frileuse et pâle sous son voile,
Voici l'aube d'un jour d'hiver.

On voit fuir la dernière étoile.
Artilleurs et soldats du train
Ont quitté leur tente de toile.

Déjà le café du matin,
Auprès d'un grand feu qui s'allume,
Cuit dans les gamelles d'étain.

Un garde émerge de la brume,
Ployé sous deux bidons pleins d'eau
Puisée à la Seine qui fume.

Enveloppés dans leur manteau,
Et chevauchant comme au manège,
Deux canonniers, sur un traîneau,

Mènent une pièce de siège ;
L'attelage, fier et puissant,
Se détache en noir sur la neige.

Cependant le jour va croissant ;
Dans l'air sonore et diaphane
Un bruit monte retentissant.

Clairons, tambours : c'est la diane.
Sur les bivouacs blancs de frimas
Un souffle actif et jeune plane.

Le soleil se lève là-bas
Dans une poussière irisée ;
L'azur a des teintes lilas,

La terre semble une épousée...
Soudain dans ce ciel virginal
La bombe, comme une fusée,

Fend de nouveau l'air matinal ;
Le soldat, farouche manœuvre,
Ressaisit son outil brutal,

Et la Mort se remet à l'œuvre.

La Veillée de Noël.

Le froid pique. Il est nuit. La lune mi-voilée
Jette un pâle rayon sur la Seine gelée.
L'arme au bras et les doigts par la bise transis,
Je fais ma faction sur le bord du glacis...
Pas un cri dans les champs neigeux où le vent pleure.
Et pourtant c'est demain Noël, et voici l'heure
Où, dans les temps de paix et de prospérité,
C'était fête à l'église, et fête à la cité;
Où, des villes aux bourgs et des bois aux prairies,
L'air résonnait du chant des claires sonneries.
Pas un bruit... Seul, là-bas, par instants, un marin
Sur une canonnière entonne un lent refrain,
Rustique souvenir de sa lande bretonne...
Et, tristement bercé par ce chant monotone,
Je songe à ma province, à mon petit pays
Où le Prussien commande; aux foyers envahis

Où seuls, traînant le sabre et portant haut la tête,
Ce soir, dans nos maisons, les vainqueurs sont en fête.
Je vois mes vieux parents assis au coin du feu :
Près d'eux la table ronde et la lampe au milieu,
Et le souper servi qui fume sur la nappe...
Le pain, des doigts tremblants de mon père s'échappe,
Et tandis qu'au dehors le gros rire allemand
Au seuil des cabarets retentit lourdement,
Ma mère, en entendant tourbillonner la neige,
Songe à son fils, perdu dans Paris qu'on assiège,
A l'enfant que Noël ramenait au logis...
Un nuage de pleurs monte à ses yeux rougis,
Et du frugal souper chaque amère bouchée
S'attache, douloureuse, à sa gorge séchée.

En montant à Buzenval.

Première compagnie, en avant !... — Sur deux lignes,
   Sac au dos, lentement, parmi des champs de vignes,
Nous grimpons vers le bois frissonnant et fangeux
Qui se détache en noir sur un grand ciel neigeux.
Nous sommes tous peu faits à ce pas militaire,
Et comme le dégel a détrempé la terre,
Nous trébuchons parfois, mais chacun se roidit,
Car on entend le plomb siffler, et l'on se dit
Qu'il faut agir en homme et montrer son courage.
Pourtant, quand les obus commencent leur tapage,
Je me sens secoué par un frisson nerveux ;
Et songeant que la mort peut me prendre, je veux
Avec recueillement penser à ceux que j'aime,
Et les envelopper dans un adieu suprême...
Mais la marche, le sac trop lourd, les temps d'arrêt,
Détournent mon esprit ou le laissent distrait.
Je ne suis travaillé que d'une seule idée :
Tenir bon sans glisser dans la terre inondée.

Pour avancer, tandis que je fais un effort,
Un de mes compagnons chancelle et tombe mort.
C'est le premier. La balle a traversé la tempe.
Ce corps, que la pensée éclairait de sa lampe,
S'affaisse lourdement dans la boue et s'éteint.
L'agonie a déjà décoloré son teint.
La bise matinale a parsemé de givre
Sa barbe aux fils soyeux et blonds; on y peut suivre
Le passage glacé de son dernier soupir...
« En avant! en avant! » Il faut laisser croupir
Dans un sillon boueux le pauvre camarade,
Et marcher droit au mur d'où part la fusillade...
Cependant, arrivé près du sinistre bois,
Je fais halte et regarde une dernière fois
Le jeune mort couché dans sa capote grise,
Dont le drap léger flotte au souffle de la bise.

Après la guerre.

Les mois sanglants, les sombres mois
Sont passés; l'automne embaumée
Est de retour, et dans nos bois
Nous revenons, ma bien-aimée.

Entre les rameaux verts encor
Rit un ciel doux comme la soie,
Et dans de chaudes vapeurs d'or
Le coteau de Sèvres se noie.

Par la mousse humide assourdis,
Nos pas glissent sous les ramures,
Et dans l'herbe, comme jadis,
Nous glanons des châtaignes mûres.

Tout nous charme et nous réjouit;
Les bouleaux, les fils de la Vierge,
Le chardon qui s'épanouit,
Svelte et flamboyant comme un cierge.

Ce bois, par l'obus respecté,
Ce léger feuillage qui tremble,
Nous savourons la volupté
De nous y retrouver ensemble.

O bonheur, pénétrant et doux,
De se serrer l'un près de l'autre,
Et de se dire : « C'est bien nous ;
Ce chemin creux, c'est bien le nôtre !

« C'est là qu'en mars nous venions voir
S'ouvrir les anémones blanches ;
C'est ici que luisaient, le soir,
Les étoiles parmi les branches... »

Mais tandis que nous triomphons,
Ivres d'une extase égoïste,
Le jour baisse, les bois profonds
Se voilent d'une brume triste.

Le vent d'automne sur l'étang
Fait frémir les joncs et les prêles,
Et dans l'ombre grise on entend
Comme un sourd frissonnement d'ailes.

Bruit étrange !... Est-ce au vent du nord
Une feuille sèche qui tombe,
Ou la plainte d'un soldat mort,
Héros obscur, martyr sans tombe ?...

Ce murmure, lent comme un glas,
Et voilé comme un deuil de veuve,
Semble dire : « N'oubliez pas,
Vous qui survivez à l'épreuve !

« N'allez pas croire tout sauvé,
Dès que les cieux sont pacifiques;
Votre péché n'est pas lavé
Dans le sang des morts héroïques.

« En tombant, les morts ont payé
Leur part des communes faiblesses;
Mais vous n'avez rien expié,
Vous, complices des jours d'ivresses.

« Souvenez-vous !... De l'aube au soir,
Et de l'hiver sombre à l'automne,
Que leur spectre, vêtu de noir,
Vous harcèle et vous aiguillonne.

« Sur leur ossuaire jauni
Faites pousser une semence
Meilleure... Leur œuvre est fini,
O vivants, le vôtre commence ! »

PRIÈRE DANS LES BOIS

Prière dans les bois.

Ce soir, je suis allé rêver dans le grand bois.
Les oiseaux l'emplissaient de leur gaîté bruyante.
Couronné de muguets comme aux jours d'autrefois,
Le printemps y menait sa fête verdoyante.

Et je me suis laissé tomber à deux genoux
Dans la mousse, parmi les boutons près d'éclore :
« Quand nous sommes en deuil, pourquoi fleurissez-vous,
O muguets? Rossignols, pourquoi chanter encore?

« Le pays a perdu sa joie et sa fierté.
Les Teutons ont saigné la France aux quatre veines,
Et le peu de sang pur qui nous était resté,
Nos propres mains l'ont fait ruisseler par les plaines.

« Libres oiseaux, chantez pour les peuples heureux,
L'allégresse n'a plus de place en notre histoire ;
Notre orgueil est à terre, ô chênes vigoureux,
Verdissez pour les fronts des peuples pleins de gloire.

« Avec votre gaîté, pourquoi leurrer nos cœurs?...
Comme des histrions sous leurs faux diadèmes,
Grimaçant un sourire et fardant nos laideurs,
Nous nous sommes menti trop longtemps à nous-mêmes.

« Arbres à qui le vent livra plus d'un assaut,
Limpidité des eaux qu'aucun limon n'altère,
Simplicité des fleurs, apprenez-nous plutôt
Le secret d'être digne et l'art d'être sincère !

« Mais surtout, ô forêt ! toi dont les jeunes voix
Célèbrent du printemps la féconde victoire,
Apprends-nous, ombre aimante et profonde des bois,
Comment il faut aimer et comment il faut croire !

« La foi des anciens jours, sous nos rires amers,
Se fond comme une perle au mordant des acides,
Et nous demeurons seuls, parmi nos champs déserts,
Sans amour et sans dieux, le cœur et les mains vides.

« Nous avons tout raillé : le juste et l'idéal,
La vieillesse qui pleure et l'enfance qui joue ;
Nos idoles avaient à peine un piédestal,
Que nous les renversions nous-mêmes dans la boue.

« Un soir, comme Samson aux pieds de Dalila,
Nous nous sommes gaîment endormis sur nos tâches,
Et quand on a crié : « Les Philistins sont là ! »
Nos bras étaient sans force et nos cœurs étaient lâches. »

J'ai prosterné mon front dans l'herbe du ravin,
Et j'ai dit : « Toi qui fais vibrer dans la ramure
Je ne sais quoi de tendre et de presque divin,
Toi par qui la fleur s'ouvre et la brise murmure,

« Puissance qu'un grand voile enveloppe à jamais,
Source mystérieuse où l'univers vient boire,
Souffle éternel qui va des vallons aux sommets
Et des cieux à la mer, Dieu caché, fais-nous croire !

« Donne-nous, pour tenter notre suprême effort,
Un peu de la candeur de cette vieille veuve
Qui chemine là-bas sous son faix de bois mort,
Et que son chapelet console dans l'épreuve.

« Nous avons perdu tout du soir au lendemain :
Nos provinces, notre or et le sang de nos hommes ;
Rends-nous la foi, mets-nous cette lampe à la main,
Pour sortir du marais ténébreux où nous sommes !

« Comme ces chevaliers qui cherchaient le Saint-Grâl
Hors des sentiers battus que le vulgaire assiège,
Pousse-nous vers la cime ardue où l'idéal
Épanouit sa fleur d'azur parmi la neige...

« O fier enthousiasme, essor des nobles cœurs,
Léger comme au matin l'alouette sonore,
Nous remporteras-tu jamais sur les hauteurs ?
Ta chanson du réveil, l'entendrons-nous encore ? »

Tandis que je rêvais sous les arbres touffus,
Le couchant s'éteignait, l'ombre tombait plus ample,
Les hêtres y noyaient la pâleur de leurs fûts,
Et la grande forêt paraissait comme un temple.

Tout dormait : le grillon dans l'herbe, et le linot
Sous la feuille... Un soupir traversa le silence ;
Un étrange soupir, triste comme un sanglot
Et doux comme un espoir, jaillit de l'ombre immense.

Je quittai la forêt pris d'un pieux frisson,
Et de même qu'on voit surgir de blanches voiles
Sur la lointaine mer, je vis à l'horizon
Monter dans le ciel pur les premières étoiles.

Mai 1871.

TABLE

LE CHEMIN DES BOIS

Pages.

Dédicace. 3

EN FORÊT.

Le Retour au bois 7
Les Chercheuses de muguet 9
L'Alouette 12
La Chanson du vannier. 15
Le Rossignol. 18
Chant de noces dans les bois 22
Le Coucou 24
La Veillée 27
La Plainte du bûcheron 31
La Ferme 34
Le Charbonnier 37

32

PAYSAGES ET PORTRAITS.

	Pages.
La Loire à Langeais.	43
Véretz.	45
Intérieur.	47
Portrait.	49
Le Grand-père.	51
Fleurs d'automne.	54
Hermann.	58
La Métairie.	60
Amoroso.	62
Une vieille Fille.	65
L'Assemblée.	66
Azay.	69
Hélène.	72
Champ de bataille.	73

LES ARAIGNÉES.

I. — Le Tisserand.	79
II. — La Brodeuse.	84

VERONICA.

Veronica.	89
Souvenir.	90
Lied.	94
L'Adieu aux bois.	95

SYLVINE.

Sylvine.	101

LE BLEU ET LE NOIR

                                    Pages.
Au lecteur 133

INTÉRIEURS ET PAYSAGES.

La Grand'tante 137
Une Nuit de printemps 139
Neiges d'antan 145
Veillée d'automne 148
En Bretagne 152
    I. — L'Allée de Ploz-ré 152
    II. — Les Paysans 154
    III. — La Lande Saint-Jean. 157
    IV. — Douarnenez 159
    V. — Le Pardon de Ker-laz 161
    VI. — Le Vallon de Tréboul 163
    VII. — Toast 165
Les Confitures 167
Souvenir 169
In memoriam 172
Reposoirs 173

L'AMOUR AUX BOIS.

Une Ondine 179
Mythologie 181
Au Bal 182
Premier Soleil 184

	Pages.
Désir d'avril	187
Le Vin de mai	189
Souvenir du Bas-Bréau	192
Joie de vivre	193
Amour obstiné	198
Les Cloches	201

CHANSONS RUSTIQUES.

La Vigne en fleur	207
Brunette	209
Légende	211
Trimazô	213

Les Paysans de l'Argonne 217

AUX AVANT-POSTES.

La Chambrée	225
Coucher du soleil	228
La Consigne	229
Parce, Domine	232
La Diane	234
La Veillée de Noël	236
En montant à Buzenval	238
Après la guerre	240

Prière dans les bois 243

FIN DE LA TABLE.

Achevé d'imprimer
le cinq mars mil huit cent quatre-vingt-un
PAR CHARLES UNSINGER
POUR
ALPHONSE LEMERRE, ÉDITEUR
A PARIS

www.ingramcontent.com/pod-product-compliance
Lightning Source LLC
Chambersburg PA
CBHW070646170426
43200CB00010B/2139